Vídeo Games

Blucher

Coleção Pensando o Design

Coordenação

Carlos Zibel Costa

Vídeo Games
História, linguagem e expressão gráfica

Alan Richard da Luz

Vídeo games: história, linguagem e expressão gráfica
2010 © Alan Richard da Luz
Editora Edgard Blücher Ltda.

2ª reimpressão - 2020

Blucher

Publisher Edgard Blücher
Editor Eduardo Blücher
Editora de desenvolvimento Rosemeire Carlos Pinto
Diagramação Know-How Editorial
Preparação de originais Eugênia Pessotti
Revisão de provas Thiago Carlos dos Santos
Capa Lara Vollmer
Projeto gráfico Priscila Lena Farias

Rua Pedroso Alvarenga, 1245 – 4º andar
04531-012 – São Paulo, SP – Brasil
Tel.: (55_11) 3078-5366
editora@blucher.com.br
www.blucher.com.br

Segundo o Novo Acordo Ortográfico, conforme 5. ed.
do *Vocabulário Ortográfico da Língua Portuguesa*,
Academia Brasileira de Letras, março de 2009.

Todos os direitos reservados
pela Editora Edgard Blücher Ltda.

É proibida a reprodução total ou parcial, por quaisquer
meios, sem autorização escrita da editora.

Ficha Catalográfica

Luz, Alan Richard da
    Vídeo games: história, linguagem e expressão
gráfica / Alan Richard da Luz; (Coleção Pensando o Design,
Carlos Zibel Costa, coordenador) -- São Paulo: Blucher, 2010.

Bibliografia
ISBN 978-85-212-0556-2

1. Comunicação visual 2. Design gráfico 3. Vídeo games I.
Costa, Carlos Zibel. II. Título.

10-10442   CDD- 741.6

Índices para catálogo sistemático:
1. Video games: Design e comunicação   741.6

Apresentação

Um discurso muito comum, que eu mesmo reproduzo, e que o leitor também encontrará neste livro, é que o vídeo game deixou se ser uma coisa de criança, tornou-se uma mídia madura, um fenômeno cultural, é utilizado em educação e blá-blá-blá ....

Isso tudo é muito bonito, mas altamente discutível. E esta obra me trouxe de volta a esse debate. Resolvi então aproveitar a oportunidade deste prefácio para trazer um pouco dessa discussão à tona.

Uma das coisas que dificultam a nossa vida ao trabalhar cientificamente com vídeo games, é que a maioria dos textos que chegam até nós apresenta a sua fundamentação no fusco lucrativo do mercado e da indústria de games. A Ciência vive, entre outras coisas, uma eterna busca da verdade, no sentido amplo dessa palavra. O discurso da indústria é apenas um dos lados dessa verdade multifacetada. Um lado que, muitas vezes, só reflete a ele mesmo. Por isso, eu fico desapontado quando vejo, em pesquisas, teses e dissertações em que o principal, e muitas vezes o único, fator para a escolha dos jogos selecionados para tais textos, é a sua popularidade, além de suas altas vendas e seu destaque diante de centenas de outros jogos que poucas pessoas conhecem. Veja bem, não digo que esse método de seleção não seja válido, mas que ele nos traz um ponto de vista muito reduzido, e que não deveria ser considerado em tantos trabalhos. Existe um forte aspecto de comodidade, claro. É muito mais fácil escrever sobre, ou ter acesso a, jogos populares, de que nós gostamos, e que caem sozinhos em nossas mãos, do que desencavar jogos independentes, versões localizadas, produtos de países emergentes. Tais escolhas contariam uma "verdade diferente", ou somariam partes que estão faltando em verdades unilaterais, mas que tentam se impor como verdades universais? Não sei. Imagino, mas ainda não me arrisco a um palpite. Muito eventualmente consigo colocar as mãos em um artigo que me ajuda nessa busca, o que é bem diferente das toneladas de informação pasteurizada, que chegam diariamente aos meus RSS, e são reproduzidas, normalmente, sem nenhum tipo de crítica, em blogs, sites, e até em mídias que prezam por uma edição mais rigorosa, como as revistas impressas.

Quando se diz que uma mídia está amadurecendo, ou que ela não é mais coisa de criança, a primeira coisa que eu costumo pensar é: "Ah é? Então vamos ver quantos livros foram produzidos no último ano sobre esse assunto". É claro que a publicação de livros é, também, apenas um lado da produção intelectual, mas ainda pode ser considerada um excelente termômetro, principalmente quando se pensa que algo está crescendo. Livros técnico-científicos, como este, são produzidos por pesquisadores e trabalhadores de determinadas áreas que querem tornar público o seu trabalho, o seu modo de pensar e ver o mundo. Isso significa que existe um, ou mais, públicos para esses livros, e que, em última instância, essas informações ajudarão a desenvolver essa área. É por isso que, normalmente, uma área emergente começa com livros que ou ensinam a fazer, ou contam a história do que já foi feito até determinado momento. A crítica sempre demora um pouco mais. No caso dos vídeo games, e ainda mais especificamente, na área de vídeo games no Brasil, são esses os livros que achamos atualmente, e mais alguns em áreas relacionadas, como educação e ciências sociais. Nestes últimos três meses, fui agraciado com dois convites para prefaciar livros sobre história dos vídeo games. Um deles é este. Decerto, isso pode ser considerado um sinal de um movimento na estruturação de uma área no Brasil. Um amadurecimento? Talvez. Isso é o que eu quero pôr em questão neste momento.

Os livros sobre história do vídeo game ainda apresentam um sério problema, pelo menos no meu ponto de vista: eles ainda fazem parte dessa macro-história ditada pelas forças dominantes. Sem querer parecer marxista, ou cientista social de botequim, mas simplesmente porque não achei uma expressão melhor para definir dezenas de livros, em diversos idiomas, que operam sempre sobre a lógica da novidade, da versão tecnológica, da geração do hardware, da empresa que deu certo, da que faliu, do jogo que foi divino e do que foi vergonhoso. Como procurei mostrar no início deste pequeno texto, eu tenho minhas dúvidas, se esse amontoado de livros de história dos vídeo games sob o mesmo ponto de vista, hegemônico, tem algum sentido nesse movimento de evoluir ou amadurecer alguma coisa. Alguns desses livros conseguem se sobressair. Como o leitor atento já deve ter percebido, eu tenho especial apreço por aqueles que tendem à micro-história, uma maneira diferente de se contar a história, mais localizada, mais pessoal, às vezes, uma experiência única. Do ponto de vista da leitura, dá um trabalho danado encarar vários livros desses, e relacioná-los em vias de tentar entender uma história maior. Mas ninguém disse que iria ser fácil. Do ponto de vista do conforto, é muito mais simples ler o livro que o rei ditou para seus escribas, e foi vendido em todas as boas lojas do reino. Procurar o livro do padeiro, o texto do comerciante, a carta do agricultor, coletar esse material de pessoas que, em meio a sua luta pela sobrevivência, são afastadas da produção de conhecimento, pelo menos do conhecimento teórico, com certeza, não é uma tarefa fácil. Relacionar o material coletado, entender as diferentes narrativas, contextualizá-las, e a pior parte, confrontá-las com as narrativas oficiais, aí sim está a graça da pesquisa, em seu significado da tentativa de busca da verdade.

Esta obra que está em suas mãos agora, não faz parte nem dessa macronarrativa hegemônica, tampouco da micronarrativa pessoal de seu autor. Ao iniciar o percurso em mais esta história dos vídeo games, sinto em dizer que eu estava tratando-a como mais um desses livros que descrevi por todo esse texto. Mas eu me enganei. Sim, o autor ainda está preso nessa linha que a indústria chama de evolução, do que eu discordo em partes. Mas ele consegue ir além dessa linha ao usá-la como um mero demarcador para situar o leitor em uma era histórica com seus marcos mais conhecidos. Eu sinto falta da história contada pelos diversos clones de "nintendinhos" que ainda circulam em nosso país, mas como disse, são apenas marcos históricos para situar o leitor.

Mas ao mostrar a questão da linguagem, em especial a linguagem gráfica, é aí que este livro se destaca e se faz único. Das caixas às interfaces, dos botões às memórias, a linguagem do vídeo game dá o seu recado. Finalizando com o conceito de remediação, de Bolter e Grusin, o autor fornece subsídios ao leitor para que teça o seu próprio caminho, sem análises prontas, mas com alguns exemplos do mundo real. Concordo que as descrições podiam ser mais detalhadas, que senti falta de instrumentos de análise, e que o autor tem capacidade de sobra para dar muitos outros exemplos, mas conheço também as limitações impostas ao se fazer um livro. Sei que o que aparece no livro é uma pequena porcentagem do conhecimento de seu autor, e fico ansioso por ver uma continuação deste trabalho.

O que mais importa, enfim, é que, com este exemplar em mãos, podemos visualizar os vídeo games evoluindo como mídia, e que este conhecimento começa a chegar aos brasileiros com uma obra diferente e, além disso, em língua portuguesa.

Quanto à questão de um dia o vídeo game deixar de ser "coisa de criança" eu rezo muito para que esse dia nunca chegue. É essa característica que o torna tão apaixonante.

Roger Tavares
São Paulo, 2010

Doutor em vídeo games, fundador da Comunidade Gamecultura. <www.gamecultura.com.br> Twitter: @rogertavares

História, linguagem e expressão gráfica do vídeo game

Vídeo game: história, linguagem e expressão gráfica, de Alan Richard da Luz, cumpre, com méritos evidentes, o difícil papel de iniciar o leitor menos informado num campo fascinante e facilitar ao estudante e ao profissional, mesmo aqueles de outras áreas de atuação, a compreensão do fenômeno representado pela indústria do vídeo game.

Tudo isso sem abrir mão de pensar o design e, mais especificamente, o design gráfico na sua versão em movimento, de todas, talvez, a mais impactante.

Trata-se, originalmente, de uma dissertação acadêmica pela qual Alan conquistou, sob minha orientação, a maestria na Universidade de São Paulo, na área de concentração Design e Arquitetura do Curso de Pós-Graduação da FAU-USP.

A investigação sistemática que o autor realizou sobre design de vídeo games se transformou no formato atual que, embora apresente linguagem muito precisa, não abre mão de ser acessível e, por vezes, coloquial como convém a edições voltadas a um público amplo e heterogêneo.

A contribuição que o livro *Vídeo game:* história, linguagem e expressão gráfica, de Alan Richard da Luz, aporta pode ser compreendida em três vertentes principais:

- o panorama da transformação das linguagens gráficas, enquanto interface digital;
- a síntese do desenvolvimento do produto, enquanto tecnologia aplicada;
- o histórico da mídia vídeo game, enquanto remediação de outras mídias e outras formas de expressão, e a criação de uma nova mídia (a ser, por sua vez, remediada. Em andamento...).

É certo que o cuidado dessa edição com a contextualização de cada uma das vertentes garante ao volume grande eficiência de leitura e de estudo.

À medida que a obra disponibiliza informações adequadamente processadas e também claramente conectadas no âmbito do design e da expressão de gráficos em movimento, o leitor sente-se livre para realizar suas próprias deduções e reportar-se a outros pontos de convergência midiática e cultural presentes na história recente da sociedade atual.

Carlos Zibel Costa
São Paulo, 2010.

À Monika, sempre me apoiando,
com seu amor e seu carinho, me completando.
A meus pais, Aderaldo e Maria José,
pela educação maravilhosa, pelo carinho
e generosidade infinitos.

Agradecimentos

Ao tornar concreto um projeto de pesquisa como o que resultou neste livro, gostaria de agradecer a algumas pessoas que ajudaram a tornar isto possível, sem as quais minha jornada seria com certeza mais penosa.

A meu orientador Carlos Zibel Costa, por sua visão ao abrigar na FAU-USP meu projeto de mestrado e pelo cuidado em me manter sempre alerta, com carinho e dedicação. O professor Zibel é daquelas pessoas que conseguem catalizar e aglutinar em torno de si pessoas e ideias sempre ricas e estimulantes. Obrigado por me colocar neste grupo.

Obrigado ao professor Gilbertto Prado pelas críticas e pela insistência em me fazer enxergar uma linha de pensamento mais coesa, com respeito e carinho. Obrigado ao professor Silvio Dworecki pela leitura criteriosa do meu trabalho, pelas ótimas dicas e conselhos, pela sugestão de publicação de meu projeto e pela generosidade para com meu texto.

Ao professor Marcos Braga pelos conselhos e conversas, o que melhorou meu trabalho e minha redação, rendendo até artigos premiados.

E a todos os grandes amigos que fiz no percurso de minha pós-graduação, trazendo discussões, conversas, debates, leituras e cervejas.

Conteúdo

Introdução 17

1 Introdução à história dos vídeo games *21*

1.1 Nascimentos *21*

1.2 Criação de uma indústria (1970-1975) *25*

1.3 Três grandes momentos: o *crash* do hardware, a era
Atari® VCS e o *crash* do software (1975-1983) *30*

1.4 O renascimento com a Nintendo® *44*

1.5 A guerra dos 16 bits *51*

1.6 A nova ameaça dos computadores pessoais *58*

1.7 Playstation® e a revolução da Sony® (1996-2000) *63*

1.8 Supercomputadores (2001-2005) *67*

1.9 O triunfo da interface e os sintetizadores de realidade *72*

2 Tecnologia *78*

2.1 As gerações de vídeo games *78*

2.2 A primeira geração: os protográficos *80*

2.3 A segunda geração: a era do Atari VCS® *82*

2.4 A terceira geração: o advento das tecnologias de
bitmapping 90

2.5 A quarta geração: os 16 bits *98*

2.6 A quinta geração: os polígonos e a virada dos 32 bits *104*

2.7 A sexta geração: sintetizadores de realidade *109*

3 A linguagem gráfica e as lógicas da remediação *114*

3.1 Abstração e jogos de tabuleiro *116*

3.2 Desenhos animados *122*

3.3 O novo cinema e a nova televisão *128*

4 Considerações finais *134*

Referências bibliográficas *138*

Introdução

Desde seu surgimento há 40 anos, o vídeo game vem se consolidando como nova mídia e ganhando espaço na cultura popular, por sua natureza multimídia e interativa. Encarado como brinquedo nas suas duas primeiras décadas, hoje é aceito como meio expressivo maduro e merecedor de muitos estudos acadêmicos.

Por definição, o campo de estudo do vídeo game é multidisciplinar e pode acomodar diversos tipos de abordagens, seja pela ótica do cinema, teorias de televisão, semiótica, performance, literatura, narratologia, ciência da computação, comunicação, estética etc., devendo ser encarado seriamente como qualquer meio de comunicação, como defende Espen Arseth e outros teóricos do vídeo game.

O levantamento dos aspectos estéticos e midiáticos, auxiliados por uma análise das tecnologias, compõe uma cronologia do desenvolvimento do vídeo game do ponto de vista de seu design gráfico. Dessa maneira, este trabalho analisa as linguagens gráficas adotadas pelo vídeo game em sua história, traçando paralelos com as mídias de onde o vídeo game emprestou estruturas visuais, abordando ainda temas como a remediação[1] e o desenvolvimento das suas interfaces.

Desde seu nascimento até a década de 1990, o vídeo game inspirou sua linguagem gráfica nos diversos meios ligados ao entretenimento e ao lazer, tornando-se laboratório de exploração da convergência entre esses meios, criando ricas interfaces de comunicação. Este projeto estuda esses momentos, tornando clara a definição de gerações e criando uma bibliografia à luz do design gráfico e da comunicação visual. Por ser uma mídia dependente da tecnologia, o vídeo game sempre sofreu influência e teve soluções estéticas ditadas pelas limitações dessas mesmas tecnologias. Ao mesmo tempo, numa retroalimentação constante, algumas soluções tecnológicas foram criadas para atender à demanda do design de vídeo games.

1 Termo criado por Bolter e Grusin (2000), para designar mídias que fazem uma nova mediação de uma linguagem/mídia já existente. Melhor explicado no Capítulo 2, denominado Tecnologia.

O vídeo game está estabelecido como mídia e como fenômeno sociocultural. Por trás dele existe hoje uma indústria tão rica e poderosa quanto a do cinema e as implicações da sua influência fazem parte do nosso dia a dia pelas mídias tradicionais. Mesmo com toda essa atenção e poder, os vídeo games ainda são um assunto relativamente novo nos meios acadêmicos e precisam ser catalogados e compartimentados como subtema de outros campos mais estabelecidos como narratologia, teorias do cinema, semiótica, performance, literatura, estética etc., não constituindo ainda um campo próprio de estudo e discussão.

O vídeo game construiu sua linguagem a partir de mídias tão diversas quanto jogos de tabuleiro, cinema, televisão, desenhos animados etc. Por conta disso é que alguns acadêmicos discutem o vídeo game sob outras óticas, como *film theory* narratologia. Porém, a partir do momento em que a linguagem do vídeo game se mostra madura, seu estudo pede um campo próprio, multidisciplinar como a própria mídia.

Como Mark Wolf aponta (WOLF, 2003), o vídeo game foi a primeira mídia a permitir o jogo em um espaço diegético navegável em uma tela, o primeiro a permitir o controle de avatares com influência direta nos elementos em jogo; os *Massive Multiple Online Role Playing Games* (MMORPG – jogos tipo RPG online) são os primeiros mundos virtuais persistentes (24 horas por dia) e em suas próprias palavras "o primeiro exemplo de experiência individual mediada dentro de uma audiência de massa (cada experiência do jogador é única, não importando o número de jogadores simultâneos)" (WOLF, 2003, p. 11). Por essa ótica, o vídeo game não merece apenas ser visto como um mero imitador de linguagens.

O vídeo game passa a ser percebido como mídia pela academia a partir de 1980, mais precisamente a partir do jogo Pacman® (da Namco®, 1981), no qual, pela primeira vez, um avatar de vídeo game era carismático e carregado de personalidade o suficiente, a ponto de tornar-se presente em desenhos animados na televisão, brinquedos, álbuns de figurinhas e outros meios de comunicação.

A partir de então, o vídeo game passa a ser uma indústria cada vez mais influente e presente na sociedade. Na década de 1990, atinge sua maturidade e torna-se alternativa para o cinema e a televisão, sobrepujando, inclusive, a indústria de Hollywood (em 2000, o cinema movimentou 7,3 bilhões de dólares contra 8,9 bilhões dos vídeo games, nos Estados Unidos).[2]

Nesse período o vídeo game também deixa de ser um brinquedo infantil. Pesquisas indicam que o consumidor de

2   Fonte: *Wall Street Journal*, 28 abr. 2000 apud POOLE, 2000.

Introdução

vídeo game tem mais de 18 anos de idade em 61% das vendas (POOLE, 2000), o que cristaliza o vídeo game como fenômeno cultural adulto por excelência. As empresas de outros setores também enxergam o potencial do vídeo game em seus mercados consumidores e começam a inserir inclusive anúncios publicitários dentro dos vídeo games. Jogos como o Wipeout 2097® (da Psygnosis®, 1996) carregam anúncios dos Jeans Diesel® e da bebida Red Bull® além de trazer a assinatura de renomados escritórios de design com a Designers Republic®. No jogo Crazy Taxi® (da Sega®, 1999), os passageiros do taxi pediam para ir a lugares como Pizza Hut® e Kentucky Fried Chicken®. Essa invasão publicitária nos vídeo games foi bastante discutida e criticada, mas, nas entrelinhas, traz a mensagem de que o vídeo game tinha alcançado o grau de mídia de massa com penetração similar à da tevê e outras mídias tradicionais.

Estabelecer o vídeo game como mídia em si já é justificativa suficiente para demandar um campo de estudo próprio, com terminologia e vocabulário independente. Mas ainda podemos enxergar o vídeo game como uma nova forma de arte (a décima, como os irmãos Le Diberder defendem, ao lado do cinema e da fotografia), uma poderosa arte híbrida, que carrega em sua linguagem gráfica os elementos da arte do cinema, da animação e dos quadrinhos.

O cinema também era (como o vídeo game) uma mídia dependente de uma nova tecnologia e só conquistou o grau de arte após muitos anos. O jazz também amargou marginalidade como gênero musical, e rendeu cartas críticas de Theodor Adorno a Walter Benjamin, sugerindo cautela (POOLE, 2000).

O vídeo game em si (como o computador) é uma grande máquina geradora e manipuladora de símbolos, e fomos alfabetizados no seu uso e na relação de seus signos de maneira gradativa nos últimos cinquenta anos. O vídeo game nasceu como a primeira interface visual simbólica no que até então somente aceitava comandos via cartões perfurados e cuspia resultados em máquinas de escrever adaptadas, e, de quebra, serviu como inspiração para o desenvolvimento da interface gráfica nos anos 1970 e 1980.

O vídeo game é uma nova mídia que ajudou a revolucionar a maneira como lidávamos com o computador, desenvolveu nossa cognição por meio de seus jogos com complexas relações simbólicas a serem decifradas, desenvolveu nossa percepção físico-espacial e ampliou a relação dos indivíduos com os meios digitais. Por tudo isso o vídeo game merece um campo de estudo e precisa ser encarado como ferramenta de comunicação, como mídia, demandando assim uma abordagem particular de estudo e dentro desse novo campo, já é hora de analisarmos a evolução gráfica dessa mídia, mapeando suas linguagens e sua expressão.

Para tornar mais clara e fluida essa evolução, esse livro divide essa cronologia em três grandes eixos: história, tecnologia e linguagem. O eixo da história mostra a evolução da indústria do vídeo game com seus grandes nomes, games e empresas. O eixo da tecnologia traz a evolução digital e sua influência na expressão gráfica do vídeo game, sendo organizado pelas gerações de vídeo games. O capítulo em que tratamos da linguagem mostra a permeabilidade do vídeo game em relação a outras mídias, das quais emprestou linguagem e para as quais tem emprestado atualmente.

Introdução à história dos vídeo games

1.1 Nascimentos

Começar uma história comentada do vídeo game pode parecer fácil. Porém, o nascimento do vídeo game é algo polêmico e pode ter até três datas dependendo do critério utilizado, cada um com seus próprios (e válidos) argumentos.

A datação mais antiga encontrada tem como critério a interação com um monitor de vídeo como ponto de partida para a história do vídeo game, datando então seu nascimento em 1958, quando William Higinbotham resolveu criar algo atrativo para a exposição permanente do Brookhaven National Laboratory (Columbia, Estados Unidos, 1958).

Sua ideia foi usar um computador analógico (com circuitos baseados em relês e tubos) para criar um jogo interativo em um monitor de osciloscópio (parecido com uma tevê em preto e branco só que com tela redonda). Como o manual do computador analógico ensinava a criar curvas em um osciloscópio, Higinbotham achou as técnicas perfeitas para o cálculo de parábolas em um jogo de tênis.

Seu experimento permitia a dois jogadores jogar uma partida de tênis, controlando o saque da bolinha e o momento da rebatida. Não havia placares, início ou fim de jogo, era somente ação e reação. Seu brinquedo foi um grande sucesso na exposição permanente por alguns anos, e no ano seguinte ganhou até algumas melhorias, como uma tela maior (de cinco polegadas passou para 15) e novos cálculos no computador, permitindo ao jogador escolher entre jogar na gravidade da Terra, da Lua ou de Júpiter.

Essa experiência foi a primeira a propor interação em um tubo de raios catódicos (ou monitor), e seu sucesso entre o público que visitava o BNL dava sinais do fascínio causado pelo controle de objetos em uma tela. Higinbotham não chegou a imaginar qualquer uso comercial de seu invento, tampouco vislumbrou aplicações mais complexas ou mesmo a patente de sua criação. Por isso mesmo, alguns contestam seu nome como inventor do vídeo game, julgando seu experimento isolado e puramente experimental.

Outra data aceita para o nascimento do vídeo game usa como critério a soma da interação em um monitor de vídeo com o uso de um software. Os computadores, inventados entre a década de 1940 e a década de 1950 ocupavam andares inteiros de prédios. Seu uso era restrito a universidades (para pesquisa) e instituições militares (cálculos de balística e outros). Com o surgimento do transístor em 1957, os computadores se tornaram mais confiáveis pois os transístores não queimam tanto quanto válvulas. Além disso, ficaram menores em seu tamanho físico e a ausência destas válvulas dispensava os sistemas de refrigeração parecidos com os de usinas nucleares.

Até então, o principal meio de saída de informação nos computadores eram os teletipos (máquinas de escrever elétricas) que davam listagens dos resultados de cálculos e outros. Para o mundo dos vídeo games, o grande avanço que nos interessa foi a introdução do monitor de vídeo como saída de dados para o computador. Isso se deu primeiro no seu uso militar, em que os monitores eram usados como saída de dados de radares e cálculos de balística. Mas não havia usos diferentes para os monitores e, então, esses equipamentos acabaram por não se popularizar além dos círculos acadêmico e militar. Durante a década de 1960, somente duas universidades americanas tinham computadores com monitores de vídeo acoplados: a Universidade de Utah em Stanford e o Instituto de Tecnologia de Massachusetts (MIT).

E foi no MIT que apareceu um de nossos pioneiros: Steve Russell. Membro de um clube de entusiastas em eletrônica e modelismo, ele e seus amigos alocavam tempo livre (geralmente à noite) de um dos computadores dos laboratórios, um TX-O que havia sido desenvolvido para fins militares e tinha um monitor de vídeo. Em pouco tempo Russell e seus amigos se tornaram hábeis programadores e dominaram o equipamento.

Com a chegada de um novo computador da Digital Equipment, o PDP-1, totalmente baseado em transistores e muito menor que os anteriores (do tamanho de um carro médio) e que também utilizava um monitor como saída de dados, Russell resolveu desenvolver algo que tinha se tornado ideia fixa em sua cabeça: um jogo interativo usando esse monitor do computador. Como era leitor ávido de ficção científica, o tema escolhido para o jogo foi óbvio: uma batalha espacial.

Foram seis meses de programação até Russell completar Spacewar!, uma batalha espacial entre duas naves. Os jogadores, usando os desajeitados switches do computador controlavam duas espaçonaves e podiam atirar torpedos um no outro. Alguns outros amigos de Russell acrescentaram elementos ao jogo, como um cenário de fundo com o mapa estelar preciso daquele período e um sol no centro da tela, com gravidade que atraía as espaçonaves se estas chegassem muito perto.

Em pouco tempo eles desenvolveram um controle rudimentar, que auxiliava a interação do jogador. Também desenvolveram suas habilidades no jogo, como por exemplo usar o sol como acelerador gravitacional para chegar rapidamente ao outro lado da tela e surpreender o oponente, técnicas de combate etc. A interação com o vídeo parecia natural e simplesmente apaixonante para eles.

Apesar da controvérsia de Spacewar! ser ou não o primeiro vídeo game, ele de fato é o primeiro jogo de computador, o primeiro software de entretenimento. Mesmo com o sucesso de seu jogo no campus do MIT, Russell e seus amigos nunca pensaram em fazer dinheiro com ele, deixando a fita de papel perfurado em que o programa estava,[3] ao lado do equipamento, permitindo a qualquer um que o copiasse ou o alterasse, no mais autêntico espírito open-source.

A terceira data na verdade não é muito precisa e é proposta por um engenheiro chamado Ralph Baer (Figura 1.1), considerado hoje o pai do conceito de vídeo game. Aos 29 anos de idade, em 1951, trabalhando em um fabricante de televisores, Baer teve a ideia de usar a televisão de uma maneira interativa, com algum tipo de jogo em sua tela. Seu chefe na época detestou a ideia e Baer a arquivou por mais de 15 anos.

Em 1966, como engenheiro chefe de uma empresa fabricante de equipamento militar, Baer resolveu retomar sua antiga ideia, colocando um de seus funcionários para trabalhar o conceito que ele havia desenvolvido. Em pouco tempo, havia um aparelho capaz de gerar um rudimentar jogo de perseguição em uma tela, dois pequenos pontos que se perseguem um ao outro.

Em dois anos, Baer e sua equipe conseguem criar um jogo rudimentar de pingue-pongue e suas variantes como Hockey e Voleibol, jogos de perseguição e conceitos inovadores como a da pistola ótica (*light gun*) que podia apontar e atirar em objetos na tela.

Sua criação foi licenciada pela Magnavox®[4] em 1971 e transformou-se no Odyssey® (Figura 1.2). Por isso, Baer é considerado o pai do vídeo game, pois deu forma de produto de mercado à sua criação e criou o conceito e vídeo game como mídia de entretenimento na sala de estar.

[3] Naquela época, os programas eram armazenados desse modo.

Figura 1.1 – Ralph Baer ao lado do Odyssey® original. *Fonte*: Foto cedida por cortesia de Ralph Baer.

[4] Popular fabricante de televisores.

Figura 1.2 – O Odyssey 1® e seus acessórios. *Fonte:* Foto cedida por cortesia de Daniel Gularte e equipe Bojogá. Disponível em:<www.bojoga.com.br>.

Algo que também não podemos esquecer é a revolução iniciada pela criação do jogo Spacewar!®. Até então (e por muito tempo depois) o computador era enxergado apenas como um processador de números, tanto que o teletipo reinou como meio de saída de dados até meados da década de 1970. O Spacewar!® foi o primeiro registro de uso do computador com uma interface gráfica simbólica, influenciando inclusive o desenvolvimento das interfaces gráficas (*graphic user interfaces* – GUI) nos anos 1970 no Centro de Pesquisa da Xerox em Palo Alto (Xerox Palo Alto Research Center, Xerox Parc).

Seja qual for o critério adotado para se considerar qual desses é o primeiro vídeo game, um fator que os une é o caráter de querer tornar o jogo interativo por meio do vídeo, seja esse equipamento uma tela de tevê, um monitor de computador ou um osciloscópio. Isso pode ser compreendido de várias maneiras, uma delas aponta para a relação do jogador com a mídia: a presença onipresente em um mundo confinado, controlando a ação daquele em seu comando e monitorando a

Introdução à história dos vídeo games

ação de qualquer outra personagem no vídeo, algo impossível na vida real.

Outra leitura aponta para o vídeo game como provedor de sistemas simbólicos complexos já que desde o começo, mais por limitações tecnológicas do que por escolha, o vídeo game trabalhava os elementos gráficos de maneira extremamente abstrata, criando intrincados sistemas visuais. O ser humano, quase que naturalmente, se sente atraído por esses sistemas, tornando sua decodificação parte da diversão em si.

1.2 Criação de uma indústria (1970-1975)

O Odyssey® de Baer tinha tudo para ser uma sensação, visto que as demonstrações feitas pela Magnavox® por todos os Estados Unidos geraram expectativa para os promotores que vislumbraram o poder do novo equipamento. Mas a Magnavox® frustrou as expectativas ao colocá-lo a venda no final de 1971 apenas em lojas próprias, afastando-o das grandes redes (e da vista do grande público) e fazendo crer na publicidade que ele só funcionaria com televisores Magnavox®. O Odyssey® vendeu 100.000 unidades em dois anos, um número pequeno para um eletroeletrônico considerado sensação.

Cabe aqui um pequeno parêntese, visto que o Odyssey®, que foi o primeiro console de vídeo game a ser comercializado, ficou no mercado entre 1971 e 1973, tendo sido tirado das prateleiras em virtude do pouco interesse do público. O consumidor ficaria sem um console para jogar em casa por um bom tempo.

Nolan Bushnell, um estudante de engenharia elétrica da Universidade de Utah, que, no início da década de 1970, era uma das principais universidades nos Estados Unidos em Ciências da Computação, aproximou-se do laboratório de informática e acabou por entrar em contato com o jogo Spacewar!. Esse contato resultou um fascínio de Bushnell pela computação e, em especial, pelos jogos em computador. Ele se inscreveu em cursos da linguagem de programação Fortran e programou, ele mesmo, versões de jogos como o Jogo da Velha, além de uma versão simplificada de Raposa e Gansos.

Nolan Bushnell trabalhava nas horas vagas cuidando de jogos em parques de diversão enquanto fazia a faculdade. Nesse ambiente, teve contato com jogos eletromecânicos e *pinballs* (fliperamas). Cuidar dessas máquinas e observar o vai e vem do público nesses parques, deu a Bushnell experiência de como funcionava esse mercado e o que atraía as pessoas no mundo do entretenimento.

Mas o fascínio que Spacewar! exerceu sobre ele o acompanharia após a faculdade até que em 1971 ele decidiu criar uma variante do jogo para ser operado a moedas, como *pinballs*. A princípio, ele decidiu usar um minicomputador da Texas Instruments, mas o achou caro demais e sem poder de processamento suficiente para rodar um jogo realmente atrativo.

Bushnell decidiu então, criar uma máquina dedicada a rodar unicamente o jogo Spacewar!. Para tanto, transformou o quarto de sua filha em oficina de eletrônica e trabalhou nos fins de semana e, após o trabalho, à noite, até conseguir seu intento. Considerando que o Spacewar! original, feito dez anos antes, rodava num computador de 120 mil dólares, o trabalho de Bushnell foi brilhante. Não tinha gráficos tão precisos, uma vez que, em vez de um monitor vetorial, ele teve de usar um aparelho de tevê em preto e branco comum. Mas todos os elementos essenciais do vídeo game estavam lá.

Com o protótipo criado, Bushnell encontrou na Nutting Associates uma parceria para construção e distribuição da sua criação. A Nutting era uma empresa do ramo de entretenimento eletrônico que fazia máquinas de perguntas e respostas para parques de diversão e não tinha muita experiência em lógica digital. Bushnell foi contratado como engenheiro chefe e ficou responsável pela nova divisão.

Ele batizou seu jogo de Computer Space®, criou um gabinete futurista com linhas arredondadas e orgânicas em fibra de vidro e assim estava criada a indústria do *coin-op video game ou arcade*.[5] Testes feitos em localidades perto da Universidade de Utah, em 1972, mostravam que o potencial comercial do jogo era bom e que tinha tudo para ser um sucesso. Era o momento ideal para apresentar um produto que unia e popularizava os avanços tecnológicos da época à visão inovadora e futurística da chegada do homem à Lua. O Computer Space® colocava um computador e toda sua tecnologia digital sob controle de pessoas comuns, no seu próprio bairro.

Mas o Computer Space® enfrentava um grande problema: sua jogabilidade. Ele tinha seis botões para serem apertados e sua lógica era pouco intuitiva para o público à época. Em um comentário do próprio Bushnell, ele comenta que o jogo era "muito complexo" (KENT, 2001, p. 34):

> O Computer Space® conseguiu muitas moedas no Dutch Goose Mas não arrecadou quase nada num bar de trabalhadores. O Dutch Goose, na verdade, é um bar para o pessoal da Universidade Stanford ir [...] O Computer Space® obedece à primeira lei — inércia. [Bushnell está provavelmente se

5   Vídeo game operado a moeda.

referindo a Isaac Newton]. E é isso que era realmente difícil para pessoas que não a entendiam. (NOLAN BUSHNELL apud KENT, 2001, p. 34, tradução do autor.)

Era uma mídia nova, num novo contexto e com uma interface também nova: muita novidade para uma mídia nascente como o vídeo game. O resultado foi um pequeno fracasso para o Computer Space® e o rompimento da parceria entre Bushnell e os irmãos Nutting. Foi um amargo fim para a máquina que inaugurou a indústria do vídeo game.

Bushnell decide, então, criar sua própria empresa em 1972, acreditando que um dos pontos para o fracasso do Computer Space® foi a pobre divulgação feita pela Nutting. Em busca de um nome e após algumas tentavias, Bushnell chega a uma palavra tirada do jogo oriental Go. A palavra é o equivalente a um cheque mate, no xadrez. Ele acha perfeito e batiza sua empresa: Atari®.

Steve Kent, numa perfeita definição de Bushnell, diz ser ele "um engenheiro elétrico e inventor, cuja única invenção talvez seja uma indústria de 16 bilhões de dólares"(KENT, 2001, p. 28).

A Atari® começou com três funcionários: Bushnell, um engenheiro contratado e uma recepcionista; e fazia dinheiro como fabricante de máquinas de *pinball*. Mas Bushnell, não tinha desistido dos vídeo games e encomendou a seu engenheiro um jogo tipo pingue-pongue, que fosse simples e divertido, feito da maneira mais barata possível. O engenheiro em questão não sabia, mas isso foi um teste, pois Bushnell apenas queria que sua equipe se familiarizasse com a lógica empregada nos vídeo games.

Al Alcorn, o engenheiro em questão, terminou a tarefa em três meses e fez o jogo da maneira como Bushnell pediu, mas acrescentou alguns elementos que melhoravam em muito a jogabilidade e criavam tensão, como a velocidade que aumentava a cada jogada da bola e o ângulo de rebatida que podia ser controlado pelo jogador por meio do lugar em que a bola tocasse a raquete. O fator diversão foi multiplicado, já que o jogo "era mais como squash do que como pingue-pongue. Graças à raquete segmentada de Alcorn, o jogo se tornou um jogo de ângulos, no qual as tabelinhas contra as paredes eram uma importante estratégia." (KENT, 2001, p. 42)

Bushnell ficou impressionado com o "teste" de Alcorn e batizou o jogo como Pong® (Figura 1.3). Eles colocaram o jogo em um gabinete e o levaram para teste de público no bar de um amigo em setembro de 1972. Pong® foi um sucesso total, formava-se uma fila de pessoas na porta do bar pela manhã esperando-o abrir para jogar Pong®, algo que nunca tinha acontecido antes.

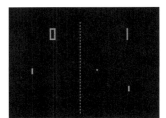

Figura 1.3 – Tela do jogo Pong® original.
Fonte: Todas as telas de jogos são captura de telas por meio de software de emulação feitas pelo autor.

Se o Computer Space® foi um fracasso, Pong® foi um sucesso. Qual a diferença entre os dois? Os dois são vídeo games para duas pessoas jogarem uma contra a outra, um com tema espacial e o outro uma simulação de um esporte popular. Mas havia outros indícios que poderiam explicar o sucesso de Pong®:

1. As instruções de Pong® eram escritas no próprio gabinete e se resumiam a uma única frase: "Evite perder a bola para um placar mais alto".

2. O controle do Pong® era apenas um botão giratório que levava a raquete para baixo ou para cima. Tudo era muito simples e intuitivo.

Toda nova mídia precisa se ancorar em alguma linguagem estabelecida para criar pontos de identidade com os fruidores, e, assim, evitar uma possível rejeição pela não compreensão. O Computer Space® padeceu por ser uma mídia totalmente nova não calcada em nada que as pessoas tivessem tido contato e cuja interface era complicada demais. O Pong® tinha novidade na medida certa, pois era um vídeo game extremamente simples e trazia, tanto na interface quanto nos controles, uma nova roupagem dos jogos eletromecânicos com os quais as pessoas já estavam acostumadas. Apesar de o Computer Space® ter sido o primeiro *arcade*, o Pong® é que estabeleceu a indústria.

Com seu êxito, a Atari® teve de quadruplicar suas instalações e o primeiro vídeo game de sucesso foi distribuído para todo o mundo, tornando conhecida a nova mídia que virava febre por onde passava.

Ralph Baer, questionou sua originalidade, uma vez que o Pong® se parecia demais com o jogo de pingue-pongue de seu Odyssey®, levando o caso à corte. Baer tinha a seu favor a assinatura de Bushnell no livro de presenças de uma das apresentações que a Magnavox® fez de seu produto antes do lançamento, em maio de 1972. A Atari® entrou em acordo e pagou licenças de uso da patente.

O sucesso do Pong® e dos "*television games*" como eram chamados no começo não passou em branco e apenas três meses após seu lançamento já era possível ver clones não autorizados em diversas localidades. Às vezes, copiavam apenas o conceito, mas, em alguns casos, copiavam até mesmo o gabinete, fazendo o equipamento passar por uma máquina Atari®.

A estratégia de Bushnell para lidar com a pirataria de suas ideias (já que seu registro de patente demorava muito a ser

Introdução à história dos vídeo games

emitido) foi lançar um jogo novo por mês, estando assim à frente dos copiadores que não conseguiam ser criativos. Em um manifesto não oficial dentro da Atari® ele dizia que ninguém de sua equipe deveria trabalhar em novas versões de jogos preexistentes, e sim em ideias novas. A estratégia funcionou por um bom tempo, apesar de a Atari® lançar todas as variantes possíveis de Pong®.

A Atari®, com essa política de inovação, produziu o primeiro vídeo game de corrida de automóveis do mundo, o Gran Trak 10®, o primeiro vídeo game de labirinto do mundo, o Gotcha®, além de um jogo que misturava corrida com naves e batalha espacial, o Space Race®. Todos esses jogos não se deram muito bem no mercado, mas a genialidade de Bushnell e sua equipe produziu quase que todos os gêneros de vídeo game possíveis apenas em seus primeiros anos.

Entre 1972 e 1974, os *arcades* eram todos máquinas dedicadas, baseadas em circuitos discretos (peças eletrônicas de uso geral, facilmente encontradas no mercado), e sua lógica era toda construída transistor a transistor, e não por um programa de computador (apesar de serem todos digitais). Mas, a partir de 1975, isso iria mudar e uma revolução iria acontecer. O microprocessador, inventado em 1971, se popularizou e teve seu custo barateado, tornando seu uso mais difundido. A Midway®, uma empresa americana grande fabricante de *pinballs* resolveu entrar no mercado de vídeo games licenciando um jogo criado no Japão e que estava fazendo um considerável sucesso por lá.

Os engenheiros da Midway® acharam o jogo pouco atraente visualmente e resolveram melhorar seus gráficos e sua jogabilidade. Para isso, colocaram um microprocessador para comandar a placa de circuitos e, com isso, conseguiram mais precisão nos gráficos, inseriram avatares que lembravam a silhueta de homens com chapéu de caubói, elementos cenográficos que aumentaram a tensão no jogo e, assim, construíram uma jogabilidade mais fluida. O Gunfight® (Figura 1.4) foi o primeiro vídeo game com um microprocessador.

Essa inovação influenciou toda a história do vídeo game. Até então, os avatares eram simplesmente substitutos funcionais para ferramentas ou equipamentos esportivos, como carros, raquetes etc. Era muito mais fácil representar, no vídeo, objetos sem partes móveis, como uma raquete, do que um jogador de tênis inteiro. O microprocessador ampliou as capacidades do vídeo game, aproximando-o dos computadores e o maior benefício, na época, se deu na sua capacidade gráfica.

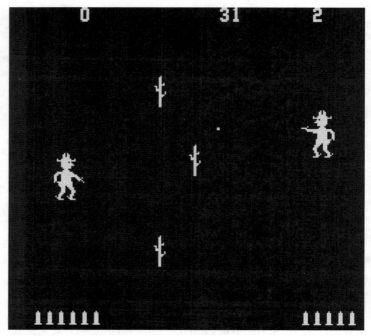

Figura 1.4 – Tela do Gunfight®.

1.3 Três grandes momentos:
o *crash* do hardware, a era Atari VCS®
e o *crash* do software (1975-1983)

Com a miniaturização dos componentes eletrônicos já era possível, então, colocar todos os componentes do Pong® em um único chip. Bushnell, vislumbrando um mercado para vídeo games caseiros, baseados no seu grande sucesso, encomenda a seus engenheiros uma versão dele que fosse possível de ser ligado a um aparelho de tevê comum. Lançado no natal de 1975 o Home Pong® reabre o mercado para vídeo games domésticos.

Outros fabricantes seguiram o sucesso da Atari® incluindo a própria Magnavox® com uma nova versão de seu Odyssey®. Em 1976, a General Instruments® (fabricante de componentes eletrônicos) colocou no mercado um chip com nome de AY-3-8500, que tinha num único circuito integrado todos os componentes para se jogar quatro variantes de Pong®. Ficou conhecido mais tarde como "*pong-on-a-chip*" e estava disponível para qualquer fabricante que quisesse ingressar no que parecia um mercado muito promissor.

O resultado era óbvio: com o AY-3-8500 o mercado se viu inundado de todo tipo de fabricante fazendo sua própria versão de Pong® doméstico, todos com o chip como componente central. O site *Pong-Story* (<www.pong-story.com>) cita 500 sistemas diferentes de mais de 100 fabricantes usando o AY-3-8500.

O Atari® Home Pong®, o Odyssey® e todos os outros sistemas baseados no chip da General Instruments® tinham um pequeno problema: como só permitiam jogar Pong® e suas variantes, em pouco tempo deixavam de ser novidade e as pessoas cansavam do brinquedo. Com isso, ninguém comprava mais vídeo games, muitos críticos diziam que a novidade tinha passado e o mercado de vídeo games estava acabado para sempre, que não haveria um produto capaz de fazer o consumidor olhar novamente para um vídeo game com intenção de compra.

Apesar de a partir de 1975 os fabricantes de *arcades* conseguirem inovações no conceito de vídeo game graças ao microprocessador, lançando jogos com alto poder de entretenimento como Sea Wolf®, da Midway® e o polêmico Death Race®, da Exidy® (o primeiro vídeo game a ser proibido por "incitar" a violência), o desinteresse também atingia esse nicho.

A saturação do mercado com tantos sistemas praticamente iguais causou o chamado "*crash* do hardware", em que os consumidores recusavam as versões similares de Pong® existentes no mercado, causando a falência dos pequenos fabricantes. Mesmo sem o *boom* de vendas, muitas empresas ainda continuaram lançando sistemas com o mesmo problema até 1978. Caso se enjoasse deles, a única solução era encostar o vídeo game. Mas isso estava prestes a mudar.

A Fairchild®, uma das inventoras do transístor e grande desenvolvedora da tecnologia do microprocessador no início da década de 1970, lançou um vídeo game, em agosto de 1976, para dar vazão à produção de um poderoso (e caro) processador de 8 bits que havia desenvolvido há pouco.

O Fairchild Channel F® não fez muito sucesso e teve pouca aceitação por causa dos jogos pouco interessantes e da semelhança gráfica com os sistemas baseados no *pong-in-a-chip*. Mas ele tinha uma inovação que mudaria a história futura dos vídeo games: os jogos eram intercambiáveis.

O conceito de jogo intercambiável pode não parecer novo, visto que o Odyssey® em 1971 já possuía esse recurso, mas a diferença é que, no Odyssey®, os cartuchos eram simples fechadores de circuito, colocar um cartucho no Odyssey® era como mudar pequenos seletores dentro do circuito do aparelho. No jogo da Fairchild® o cartucho tinha um chip de ROM (*read only memory*) com um programa que era executado no vídeo game quando inserido, como um computador, e as pessoas não esta-

Figura 1.5 – Atari Vídeo Computer System® (VCS). *Fonte:* Foto de Joho345 liberada em domínio público.

vam mais presas aos jogos presentes no circuito do aparelho. A empresa prometia para o Channel F® títulos novos a cada estação e ficou evidente que não haveria espaço para os velhos sistemas. A Magnavox®, a Atari® e até a gigante RCA® voltaram ao departamento de pesquisa prometendo consoles parecidos.

A Atari® respondeu rápido, mesmo porque, já havia algum tempo, estava desenvolvendo um sistema similar em seus laboratórios. Baseados no processador 6502 da MosTek® (MOS Technologies®) os engenheiros da Atari® criaram um computador de 8 bits capaz de rodar jogos em cartucho, como o da Fairchild®. Para destacar essa característica, batizaram o console de VCS, Vídeo Computer System® (Figura 1.5). Ele vinha acompanhado do cartucho Combat®, com variações de Tank® (sucesso nos *arcades* da época) e Jet Fighter®. Seu lançamento foi em outubro de 1977, para aproveitar as compras de final de ano.

Mas os problemas da Atari® relacionados à entrega de produto somados ao desinteresse do público, ainda decorrente do *crash* do hardware, fizeram com que o VCS não obtivesse o sucesso esperado e a Atari® teve de vendê-lo com desconto após a temporada de natal.

Bushnell, que tinha vendido a Atari® à Warner Comunications para conseguir o dinheiro para a finalização do projeto do VCS achava que a solução era simplesmente descontinuar o VCS e partir para uma nova geração de vídeo games, dentro de sua política de inovação, se antecipando aos outros fabricantes. Bushnell tinha posição divergente da visão mercadológica de um conglomerado como a Warner, que preferia explorar um produto à sua exaustão. Bushnell se desentende com a nova administração e se desliga da Atari® em 1978.

> Sob o comando de Bushnell, a Atari® era uma empresa de engenharia com visão inovadora. A liderança tomava riscos e era pioneira em novas tecnologias. Quando Ray Kassar [um executivo de marketing de tecidos colocado pela Warner para gerir a Atari®] tomou o lugar de Bushnell como presidente, a Atari se tornou uma empresa de marketing. Em vez de desenvolver novas tecnologias, Kassar preferia levar as ideias a seu limite. Alcorn [Al Alcorn, vice-presidente de engenharia] queria começar a trabalhar na nova geração de vídeo games, mas Kassar não queria nem mesmo considerar uma alternativa para o VCS. (KENT, 2001, p. 124, tradução do autor.)

Mesmo com as novas tecnologias, o mercado parecia acabado para os vídeo games domésticos, o Channel F®, da Fairchild®, o Studio II®, da RCA®, e o VCS, da Atari®, não alcançaram o sucesso esperado. A RCA® se retiraria do mercado no ano seguinte. O Studio II® não empolgou com seus jogos em preto e branco e a RCA® falhou em lançar novos jogos no decorrer do ano. O Channel F®, apesar de ter lançado uma tendência com os cartuchos intercambiáveis, também não obteve muito êxito nos anos seguintes por conta da falta de novos títulos, além da qualidade de seus gráficos ser inferior à de seus concorrentes como o VCS, da Atari®.

Mas o problema real desses vídeo games tinha mais a ver com os jogos do que com os consoles. Todos eles continuavam baseados na jogabilidade e nos gráficos dos variantes do Pong®, e tiveram pouco apelo para o público que já estava cansado dessa estética.

Isso começou a mudar em 1978, quando a indústria japonesa de *pinballs* e *arcades* Taito® resolveu pôr no mercado um jogo que nasceu como um teste para seus programadores. O jogo não foi muito bem no início, mas, quando o público percebeu seu potencial, chegou a causar furor e falta de moedas de 100 ienes no Japão, obrigando a Casa da Moeda Japonesa a fabricar lotes extras. O jogo em questão era o Space Invaders®.

Além de tudo isso, Space Invaders® foi o primeiro vídeo game com personagens animadas. Os alienígenas moviam seus tentáculos enquanto passeavam pela tela. Até então, nos vídeo games, os personagens eram como figuras recortadas em papelão, se moviam, mas não tinham partes animadas. Outro inovação no Space Invaders® foi importada dos *pinballs* digitais: o recorde gravado. A maior pontuação de um dia ficava estampada na tela junto a seu nome, instigando outros desafiantes a superar a marcação.

Space Invaders® além de trazer um tema novo (impedir a invasão alienígena munido de um canhão *laser*) para o universo do vídeo game, criou novos conceitos para os *arcades*, já que ele foi o primeiro vídeo game sem tempo determinado para o fim do jogo. O jogador tinha três canhões e o jogo só acabava quando todos os invasores fossem destruídos. Até então os jogos acabavam com tempo fixo, ou quando chegavam a um determinado placar. Com Space Invaders® o tempo jogado dependia somente da habilidade do jogador.

O jogo consistia em destruir os 55 alienígenas alinhados em 5 linhas de 11 (Figura 1.6), que se moviam num ritmo lento, mas constante, e que, quando alcançavam a lateral da tela, desciam para mais perto de seu *laser*. Quando alcançavam ou atingiam o jogador com uma bomba, ele perdia um canhão (e uma vida). A tensão era constante e aumentava gradualmente, já que era impossível vencer Space Invaders®; cada vez que o jogador destruía uma esquadra inimiga, aparecia outra mais rápida para o desafiar. Sua derrota estava sempre iminente e a única coisa que o jogador podia fazer era se manter vivo o maior tempo possível.

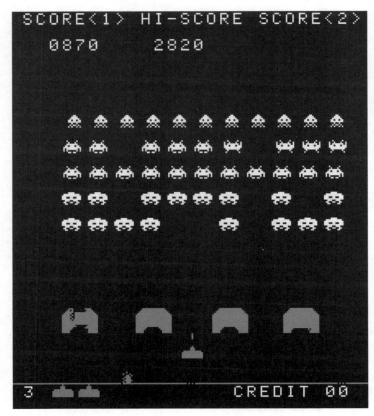

Figura 1.6 – Tela do jogo Space Invaders®.

6   Gênero em que o principal objetivo é atirar em tudo o que se mova – o primeiro jogo desse gênero foi o Spacewar!.

Apesar de não ter criado o gênero de *shot-'em-up*[6] o sucesso de Space Invaders® trouxe uma série de imitadores no final dos anos 1970 e começo dos 1980. Como aponta Herz: "O Space Invaders® foi o primeiro vídeo game [...] a realmente explorar a mídia [vídeo game] em vez de referenciar-se em jogos antigos como pingue-pongue, *pinball* ou *hockey*" (HERZ, 1997, p. 15, tradução do autor).

O sucesso do Space Invaders® mostrava como o público estava amadurecido e esperava por títulos com novos temas, novos desafios. Até 1978 a grande maioria dos jogos ou era composta por simulações de esportes ou batalhas em que o jogador lutava contra um oponente humano. Nesse jogo seu oponente era a própria máquina, impiedosa, cuja única certeza era lhe derrotar em um momento ou outro. O lançamento de Space Invaders® marcou o início de uma nova era de jogos criativos e inovadores e a tensão passou a fazer parte integrante do vídeo game.

Introdução à história dos vídeo games

O final dos anos 1970 e início dos 1980 foram a era dourada dos *shot-'em-up* clássicos, com Asteroids®, Robotron®, Defender®, Galaxian®, Scramble®, Tempest® etc., elevando a tensão desse gênero de vídeo game tão ardente e exaustivos fisicamente. De fato, a extrema simplicidade do conceito básico – destruindo coisas, com armas – é a razão porque, por alguns anos, o *shot-'em-up* expandiu a possibilidade de ação num vídeo game mais do que qualquer outro tipo de jogo (POOLE, 2000, p. 23, tradução do autor.)

Graficamente, o Space Invaders® era tão espartano quanto os outros, e o tema de batalha espacial, além de ter apelo entre os jovens, também trazia a facilidade de poder se trabalhar sobre um fundo preto, o que facilita a programação e economiza memória, pois, para se colocar um pixel com cor na tela, "gasta-se" memória. Ou seja, a tecnologia influenciou o *design* e a temática da maioria dos títulos do período.

Ainda em 1978, a Cinematronics® (indústria de *arcades* especializada em vídeo games com gráficos vetoriais[7]) lançou uma versão arcade do original Spacewar!® de Steven Russell. Como o monitor vetorial permitia uma resolução semelhante a do PDP-1 usado no original, essa versão da Cinematronics® era praticamente idêntica. Outro detalhe interessante é que, ao contrário do fracasso do Computer Space® que também se baseou no mesmo jogo sete anos antes, o Space Wars® (o nome dado pela Cinematronics® à nova versão) saiu-se muito bem. Um dos possíveis motivos, além da melhor resolução gráfica, poderia ser o fato de os controles não mais amedrontarem o jogador, após anos de uma relativa familiarização nessa mídia.

> O público para *arcades* tinha amadurecido junto com a indústria em sete anos desde que Nolan Bushnell criou o Computer Space®. As pessoas não foram intimidadas dessa vez pelos controles da reedição da Cinematronics®, o Space Wars®, e acorreram para o Asteroids®. (KENT, 2001, p. 132, tradução do autor.)

Equipamentos *arcade*, baseados em monitores vetoriais, teriam um sucesso relativo entre 1978 e 1982, em virtude de sua melhor qualidade gráfica e definição de contraste, ao contrário dos monitores tradicionais de então. Eles começaram a desaparecer conforme a tecnologia *raster* (de rastreamento) melhorou e alcançou a mesma qualidade gráfica. Grandes jogos foram lançados usando essa tecnologia como Asteroids® (da Atari®, 1979) que também tinha como inspiração o original Spacewar!, de 1962.

[7] O gráficos vetoriais são obtidos por meio de monitores que utilizam uma tecnologia em que os raios catódicos são direcionados precisamente na tela, construindo gráficos definidos e contrastantes, em altíssima resolução, ao contrário da tecnologia de rastreamento, como nos monitores comuns à época.

A saída de Bushnell acabou por dividir conceitualmente também as grandes áreas de design da Atari®, mais notadamente a partir de 1978, com os designers de vídeo games *arcades* ficando de um lado e os designers de produtos domésticos de outro. Mesmo sendo o primeiro grupo responsável pelo sucesso financeiro da Atari® nessa época, eles eram preteridos em favor dos designers que trabalhavam para o VCS, pouco criativos e com seus maiores sucessos vindo justamente de portes (versões) dos sucessos do *arcade* para versões domésticas. E, ao contrário dos *designers* de vídeo games *arcade*, que trabalhavam em times (um trabalhava no hardware, outro no software), esses designers trabalhavam sempre sozinhos, fazendo tudo em cada projeto, desde o código até a música e efeitos sonoros, um dos motivos pelos quais os jogos para o VCS, além de limitados por conta do hardware, eram geralmente mal resolvidos graficamente.

Os designers que mudariam esse panorama como Warren Robinett, Alan Miller, David Crane, Larry Kaplan e Robert Whitehead, seriam responsáveis por conseguir extrair do hardware limitado do VCS muito mais do que variações de Pong® e Tank® (o VCS foi deliberadamente desenhado e otimizado para estes tipos de jogos), iniciando uma próxima fase no desenvolvimento dos vídeo games.

Os primeiros jogos para o VCS eram muito superficiais e sem profundidade, muitas vezes, baseados em simplificações de jogos de tabuleiro. Um dos primeiros a quebrar tanto a inclinação do Atari VCS® para fazer jogos tipo Tank® quanto desenvolver a qualidade gráfica foi Alan Miller quando criou o jogo Basketball® (Figura 1.7), com uma rudimentar perspectiva 3D.

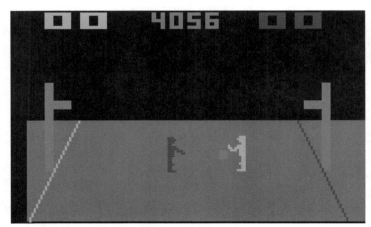

Figura 1.7 – O jogo Basketball®, de Alan Miller.

O limite da tela do VCS foi quebrado quando Warren Robinett, apaixonado por um *adventure* de texto[8] que jogava na faculdade chamado ADVENT (que rodava em computadores de grandes porte, do tipo *mainframes*), resolveu criar uma versão gráfica para o VCS e a batizou Adventure® (1979). Esse jogo é importantíssimo, pois, ao mesmo tempo, quebra vários paradigmas que serviriam de base para toda uma geração de novos jogos.

O primeiro desafio de Robinett foi transformar um *adventure* de texto (sem nenhum gráfico), no qual o jogador tinha de tomar decisões com base em descrições verbais dos locais onde se encontrava, e interagia digitando frases no teclado como "vá para oeste" e "pegue a chave", em algo totalmente gráfico, visto que o VCS não possuía teclado e seu jogo deveria se limitar a apenas 4 kb de código.

Robinett criou um sistema de salas que eram adjacentes e quando seu avatar chegava num dos limites da tela o jogador visualizava a sala seguinte, na direção que havia tomado. Tudo o que precisava saber estava lá, graficamente, nos limites do plano da tela (Figura 1.8).

8   Jogo baseado em interface puramente textual, no qual o jogador interpreta descrições de locações na tela e digita comandos e instruções pelo teclado para que o computador faça algo.

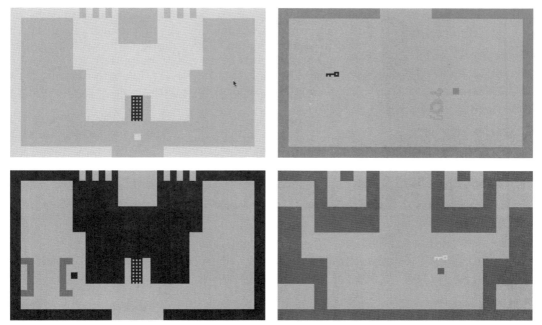

Figura 1.8 – Telas do jogo Adventure®.

O segundo desafio era solucionar graficamente o sistema de inventário que havia em ADVENT. Lá o jogador carregava coisas e as usava por meio de ações também digitadas. A solução encontrada por Robinett para esse problema foi permitir que seu avatar/cursor (um pequeno retângulo) carregasse apenas um objeto por vez, que ficava visível o tempo todo e era apanhado assim que o jogador encostasse-se no objeto. Ao encostar o cursor a um segundo objeto, o primeiro automaticamente era largado.

Essa solução trouxe uma profundidade estratégica fantástica, pois o jogador tinha de pensar muito bem em o que carregar em determinada parte do jogo, aumentando a tensão e o raciocínio a longo prazo. A nova maneira de explorar o espaço visual da tela abriu possibilidades para novos gêneros e temas.

> Uma queixa do próprio Robinett sobre o Adventure® para VCS é que na época eram os próprios designers de jogos (então na maioria engenheiros de software) que tinham de fazer os gráficos dos jogos nos quais estavam trabalhando, "ele descreve seus dragões parecendo patos e admite que o jogo como um todo tinha aparência primitiva". (KENT, 2001, p. 188.)

Em 1979 a Atari® toma uma decisão que abre novas possibilidades para o mercado de vídeo games domésticos. Após o sucesso mundial do *arcade* Space Invaders® em 1978 e 1979, ela resolve contatar a Taito® e licenciar o jogo para uso doméstico. Foi a primeira vez que um jogo de *arcade* era licenciado e portado para uso em um vídeo game doméstico. A estratégia se provou eficaz e muita gente compraria o Atari VCS® somente para jogar o Space Invaders® em casa. Ele foi o cartucho mais vendido de 1980 e o porte de jogos de *arcade* se tornou prática comum.

Outro fato marcante em 1980 foi a saída de uma parte do time de designers de jogos do Atari VCS®: David Crane, Alan Miller e Bob Whitehead se desentenderam com a diretoria a respeito de direitos autorais e resolveram abrir a primeira produtora independente de jogos da história, a Activision®.

Apesar do começo tempestuoso por conta das ações movidas pela Atari®, a Activision® progrediu e se tornou uma das principais e mais criativas produtoras de jogos para o VCS. Entre seus títulos se destacam Pitfall!®, River Raid® e Enduro®, além de outros de grande sucesso (Figura 1.9). O pioneirismo da Actvision® foi referência para outros produtores abrirem empresas independentes e o mercado se viu inundado de títulos para o VCS. Alguns, bons, outros, nem tanto.

No início da década de 1980, os vídeo games estavam vivendo seu auge e havia programas na tevê sobre o assunto; po-

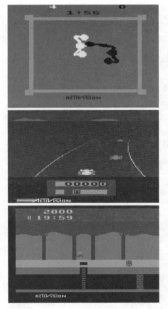

Figura 1.9 – Os jogos da Activision® exploraram, como poucos, a capacidade gráfica do VCS e se tornaram referência.

Introdução à história dos vídeo games

dia-se encontrar *arcades* por todo o lugar (nos Estados Unidos, na Europa e no Japão) e o fenômeno já estava fazendo tanto dinheiro quanto a indústria do cinema.

> Uma matéria de capa da revista *Time* noticiou que os americanos colocaram 20 bilhões de quartos [cinco bilhões de dólares, já que um quarto é 25 centavos] em vídeo games em 1981 e o "vício do vídeo game" custou 75.000 homens-ano jogando essas máquinas. O artigo explicava que a indústria do vídeo game havia ganhado o dobro do dinheiro recebido por todos os cassinos de Nevada juntos, quase o dobro do dinheiro arrecadado pela indústria do cinema, e três vezes o dinheiro que as ligas de beisebol, basquete e futebol americano haviam ganhado. (KENT, 2001, p. 152, tradução do autor.)

Foi nesse cenário que surgiu o vídeo game *arcade* mais conhecido de todos os tempos: o Pacman®, da Namco®, 1980 (Figura 1.10). Seu criador, Toru Iwatani, cansado de vídeo games que só tratavam de batalhas, guerras e destruição, resolveu criar algo que também tivesse apelo para as mulheres jogadoras e, partindo de um conceito básico, comer, Iwatani fez um jogo baseado apenas em um labirinto onde sua personagem não tem armas e nem há destruição, o jogo é perseguição pura. Segundo historiadores de vídeo game, e confirmado por Iwatani em algumas entrevistas, o desenho da personagem principal apareceu quando ele foi almoçar e pediu uma pizza. Assim que tirou o primeiro pedaço ele vislumbrou o Pacman®. Para desenhar os vilões, por outro lado, Iwatani criou monstros que eram, ao mesmo tempo, charmosos e "bonitinhos", conceito popular na cultura japonesa adolescente.

O jogo foi um sucesso absoluto e expandiu os limites da indústria do vídeo game. Pacman® foi a primeira personagem de vídeo game a ter um nome e uma personalidade e o primeiro também a ter produtos licenciados. Após o Pacman®, os vídeo games se revelaram um empreendimento lucrativo, com os empresários enxergando além do próprio jogo, além do dinheiro ganho apenas com a venda do cartucho ou com as fichas do *arcade*.

Outro jogo que merece destaque em 1980 é um que rompeu de vez os limites do monitor ao criar o espaço-off em vídeo game: o Defender®, da Williams®, 1980 (Figura 1.11). Eugene Jarvis, o designer de Defender®, queria um jogo que fosse rápido e muito difícil, e estava tendo dificuldades para criar o efeito no espaço confinado da tela. O tema de batalha espacial parecia perfeito, visto que o hardware construído pelo departamento de engenharia para Jarvis era limitado e não permitia cenários elaborados. Nas palavras do próprio Jarvis, "era fácil fazer no espaço, porque o espaço é muito abstrato" (KENT, 2001, p. 145.)

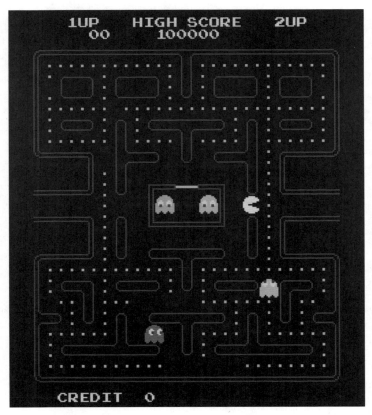

Figura 1.10 – Tela do Pacman®.

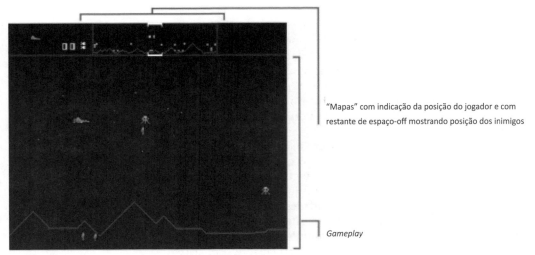

"Mapas" com indicação da posição do jogador e com restante de espaço-off mostrando posição dos inimigos

Gameplay

Figura 1.11 – Defender® e seu esquema inovador

Jarvis gostava muito dos controles do jogo Asteroids®, no qual o jogador podia ir a qualquer lugar com sua nave, em qualquer direção, e decidiu que iria fazer o universo do jogo maior do que a própria tela. Foi a primeira vez que se explorava o espaço-off em vídeo game. O jogador somente enxergava uma porção da diegese e coisas aconteciam fora do espaço de visão, e podiam ser acompanhadas na tela do radar, na parte de cima do vídeo. A tela de vídeo não funcionava mais apenas para monitorar um mundo inteiro que aparecia, agora ela era apenas uma janela para mundos maiores e mais complexos.

Em 1981, Shigeru Myiamoto, um jovem designer gráfico criador de brinquedos, estava desenvolvendo ilustrações para gabinetes de *arcade* na Nintendo® quando foi designado para projetar o primeiro vídeo game da companhia. Nesta mesma época, a Nintendo® precisava trocar o software de um *arcade* considerado um fracasso nos Estados Unidos.

Myiamoto começou elaborando uma história complexa, sobre um gorila que escapava de seu dono, um carpinteiro, raptava sua namorada e fugia para um prédio em construção. O gorila jogava barris na direção do herói, que, quando o alcançava, o fazia fugir para outro prédio em construção, dessa vez com esteiras em movimento, até que ele finalmente derrotava o gorila e se encontrava com sua namorada. Myiamoto sabia que o jogo deveria ter apelo ao gosto americano, então procurou um nome em inglês que tivesse significado. Decidiu por algo como "gorila teimoso" e procurando em um dicionário japonês-inglês encontrou os sinônimos que queria. Donkey Kong® era o jogo.

Para o herói do jogo, cujo nome era Jumpman, Myiamoto quis alguém que não tivesse nada de muito heroico, um baixinho, de bigode e nariz bem avantajado. O boné, o bigode e o macacão foram decisões de design com *background* técnico: era mais fácil desenhar um rosto reconhecível com detalhes exagerados, como o nariz e o bigode, e com macacão, além de ser mais fácil de animar e exigir apenas uma cor. O boné o eximia de animar o cabelo da personagem nas quedas.

Quando o jogo chegou aos Estados Unidos, praticamente salvou a Nintendo® americana da sua falência e se tornou o sucesso do ano. Nessa época, a Nintendo® alugava um galpão de um ítalo-americano chamado Mario Segale. Após discussões e desavenças sobre alugueis atrasados, Minoru Arakawa (presidente da Nintendo of America®), começou a chamar o herói Jumpman de Mario, pela semelhança física com o senhorio do galpão e, assim, estava batizado uma das mais carismáticas personagens da história do vídeo game.

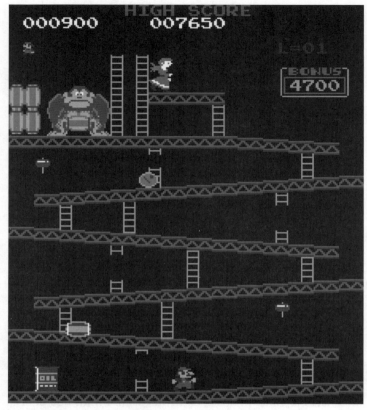

Figura 1.12 – Tela do Donkey Kong® com suas personagens em ação.

Assim como Pacman®, o Donkey Kong® (Figura 1.12) se tornou fenômeno de mídia, aparecendo em programas de tevê e gerando uma série de itens licenciados, o que proporciou à Nintendo® duas de suas maiores franquias: Mario® e o próprio Donkey Kong®.

Entre 1982 e 1985 a indústria do *arcade* começou a cair sem nenhum motivo aparente e ninguém entendia o porquê, mesmo tendo sido um ano com grandes e influentes títulos como Q'Bert®, Donkey Kong Junior®, Joust® e Robotron 2084® (KENT, 2001).

Acompanhando o declínio dos *arcades*, o mercado de consoles domésticos também sofreu grande queda e nada parecia atrair mais o público. Se no caso dos *arcades* outras formas de entretenimento, como temporadas de grandes filmes no cinema (apontando pelo historiador de vídeo game Eddie Adlum como um dos possíveis motivos), tiraram a atenção do público para o vídeo game, no caso do mercado doméstico começou a acontecer outro tipo de competição.

Em 1976, quando começaram a aparecer os primeiros computadores pessoais, eles eram máquinas complicadas e frias, distantes. Em 1983, por outro lado, o mercado havia desenvolvido produtos mais atrativos e que competiam com os vídeo games.

Computadores pessoais como o Apple II® (apesar do preço), o Commodore 64®, o Sinclair Spectrum® (Figura 1.13) e os próprios Atari 400® e Atari 800® se tornaram as grandes ameaças, pois, além de servirem de aprendizado para a microinformática e terem outras funções, também eram ótimos como vídeo games, com versões de grandes jogos dos consoles e criações exclusivas para eles. Era muito mais interessante e fazia muito mais sentido para os pais comprarem para seus filhos computadores pessoais em vez de consoles de vídeo games. Estes perderam sua audiência cativa e seu mercado quase se extinguiu. Sobreviveram somente as grandes empresas como Atari®, que, mesmo renovando sua linha de vídeo games, não conseguiu reacender o mercado.

Figura 2.13 – O Sinclair Spectrum®, um dos responsáveis pela popularização do microcomputador. *Fonte*: Foto de Bill Bertram, reproduzida sob licença Creative Commons 2.5.

No final de 1982, a Atari® lança o 5200, um console de vídeo game com lógica mais sofisticada que o VCS (que passaria a ser chamado Atari 2600®). O 5200 tinha melhor resolução gráfica, permitia mais cores no vídeo, mais personagens na tela e tinha sua eletrônica baseada nos computadores pessoais da Atari®, infelizmente, sem ser compatível com eles. Mas o novo console não empolgou.

Um dos problemas encontrados foi o seu novo controle, que tinha um teclado numérico e cujo *joystick* não era auto-centrável, prejudicando a jogabilidade em jogos que exigem precisão como Pacman®. Outro problema é que o novo console não era compatível com o 2600, o que obrigava os consumidores a descartarem sua grande coleção de cartuchos de 2600 que haviam acumulado no decorrer dos anos.

Outro ponto que contribuiu e foi decisivo para o declínio do mercado doméstico de vídeo games foi a enxurrada de títulos ruins que apareceram após a abertura do mercado às produtoras independentes. Criar títulos para o VCS se tornou uma mina de ouro e muitas empresas entraram nesse mercado sem muita preocupação com inovação, jogabilidade, e, às vezes, até mesmo sem ética. O resultado dessa inundação de títulos na prateleira foi a desconfiança do consumidor que deixou de comprar novos títulos, pois a grande maioria não correspondia à expectativa gerada. O mercado, que já estava frio, simplesmente congelou. Parecia o fim de tudo. Esse fenômeno ficou conhecido como "*crash* do software".

1.4 O renascimento com a Nintendo®

Parecia ser o fim. O mercado de vídeo games domésticos nos Estados Unidos estava completamente inativo. Não se vendiam consoles de sucesso como o Atari VCS®, o Intellivision® ou mesmo o Colecovision®, este último introduzido em 1982 com grande estardalhaço por seu poder de processamento e qualidade de gráficos. Os cartuchos de jogos encalhavam nas lojas e eram vendidos a preços promocionais, com isso, as produtoras menores que faziam jogos para consoles deixaram o mercado, sobrevivendo apenas as produtoras que faziam também jogos para computadores pessoais (as novas vedetes do mercado).

Por outro lado, o mercado de vídeo games para computadores pessoais brilhava com jogos para diversas plataformas, todas baseadas em processadores de 8 bits. Nesse cenário surgiram grandes produtoras como as inglesas Ocean Software®, Dinamic®, Imagine® e Codemasters®, que desenvolviam apenas para computadores e, em pouco tempo, se tornaram grandes empresas, gerando milhões de dólares a seus proprietários, geralmente jovens entre 20 e 30 anos de idade sem experiência no mercado de trabalho.

Contudo, o mercado de consoles domésticos de vídeo game, que havia sido praticamente extinto no ocidente, não sofreu grandes abalos no Japão. Grandes empresas como a Sega® e outras menores continuaram lançando novos consoles durante os anos do *crash* e nada parecia errado no mercado nipônico.

A Nintendo® que nessa época lucrava com seus *arcades* como Donkey Kong® e havia, há pouco, entrado no mercado doméstico pegando carona na onda dos vídeo games portáteis com a série Game & Watch®, resolveu produzir um console de cartuchos intercambiáveis para concorrer com consoles como o Sega SG-1000®.

Para o lançamento do Famicom® (corruptela para Family Computer®, Figura 1.14) em julho de 1983, a Nintendo® fez versões de 3 *arcades* de sucesso de seu portifólio: Donkey Kong®, Donkey Kong Junior® e Popeye®. O console teve problemas no seu lançamento, tais como placas com defeito, e isso quase destruiu sua reputação por completo. Após um relançamento, o console teve o sucesso que era esperado, vendendo mais de meio milhão de unidades em dois meses.

O Famicom® era muito semelhante ao Atari 2600® de seis anos antes, já que os dois usavam processadores com basicamente a mesma arquitetura, o MOS 6507® no Atari® e o MOS 6509® no Famicom®. A grande diferença estava no barateamento da tecnologia, o que possibilitou à Nintendo® utilizar em seu Famicom® muito mais memória do que era usada no Atari® além de um processador independente que permitia gráficos com qualidade de *arcade*.

Figura 1.14 – Os jogos para computadores pessoais proporcionavam novidades como lindas aberturas e elementos que contextualizavam melhor o jogo, coisas inexistentes nos consoles da época.

Outra inovação realizada foi nos controles: ao contrário dos *dials* e *joysticks* do Atari®, que eram perfeitos para se jogar vídeo games como variantes de Pong® e de Tank®, os controles do Famicom® eram um pequeno bloco com um botão direcional em forma de cruz, mais rápido e mais preciso.

Baseados no sucesso que foi o Famicom® no Japão, os executivos da Nintendo® acharam uma boa ideia tentar o mercado americano. Escolado com o fato de que certos produtos que faziam sucesso no Japão não repetiam esse sucesso em solo americano, Minoru Arakawa, presidente da empresa, achou interessante fazer com que o Famicom® tivesse outra abordagem que não a de um vídeo game.

Enquanto no Japão o Famicom® tinha aparência de brinquedo, com cores fortes, coloridas e contrastantes, Arakawa decidiu dar ao Famicom® americano uma interface aproximada de um computador pessoal, dotando o console de um teclado e um gravador cassete para gravar programas. Também fizeram para ele um teclado musical e controles futuristas, bem diferentes do *control pad* do Famicom®.

Para testar a aprovação pública do novo sistema, Arakawa o batizou de AVS (Advanced Vídeo System®) e montou um pequeno estande numa feira do mercado de eletrônica, em janeiro de 1985. Colocou também em exposição 25 jogos, traduções de jogos já disponíveis para o Famicom® no Japão e que estavam fazendo relativo sucesso.

Apesar de bons comentários a respeito da qualidade dos jogos, Arakawa saiu da feira sem nenhum interesse mais profundo no produto. Convencido de que o mercado americano não queria um vídeo game, Arakawa percebeu que o mercado americano também não queria mais um computador pessoal, e abandonou o conceito do AVS.

Para a edição seguinte da mesma feira, alguns meses depois, Arakawa colocou o hardware do Famicom® em um gabinete mais parecido com um eletroeletrônico do que um vídeo game, fazendo o console parecer mais com eletroeletrônicos comuns à sala de estar, como videocassetes e aparelhos de som, e o nome foi trocado para NES® (Nintendo Entertainment System®), ajudando a distanciá-lo de um brinquedo ou vídeo game.

Para acompanhar o console, foram criados também uma pistola de luz e um pequeno robô. O NES®, então, tinha toda uma nova abordagem. A apresentação na feira foi melhor, com boa recepção pelo público, mas mesmo assim ainda não houve encomendas.

Após quase desistir de tudo e achar que o mercado de vídeo games nos Estados Unidos estava fechado para sempre,

Arakawa resolveu fazer um último esforço, já que o Famicom® vendia como nunca no Japão, e resolveu testar a venda do console no mercado mais cruel dos Estados Unidos: Nova York. A experiência foi um sucesso e mostrou que o mercado americano não estava morto, apenas adormecido.

Com ótimos acordos com a rede varejista de brinquedos, a Nintendo® foi capaz de vender mais da metade dos 50.000 consoles que havia colocado no mercado. O resultado pode não ter sido excepcional, mas era um ótimo indício de que ainda havia espaço para vídeo games nas prateleiras das lojas de brinquedos.

Ainda em 1983, no Japão, o carismático carpinteiro de Donkey Kong® trocaria de nome e profissão nos *arcades*. De Jumpman, no primeiro jogo, ele passaria a se chamar Mario; na sequência, Donkey Kong Junior® (Nintendo®, 1982), e de carpinteiro ele se tornaria encanador, em Mario Bros® (Nintendo®, 1983). Todos esses jogos aconteciam em um espaço delimitado pela tela com variações de jogabilidade derivadas do original Donkey Kong® de 1981.

Shigeru Myiamoto, resolveu criar um mundo colorido e divertido, cheio de humor e desafios, e, para isso, o confinamento da tela não seria suficiente. Ele projetou um esquema de jogo parecido com o de Defender®, mas, diferentemente, a diegese não se fechava em si mesma. O mundo começava no lado esquerdo da tela e se desenrolava como um pergaminho, com a ação passando da direita para à esquerda. Mario seria o protagonista perfeito para esse mundo, e o jogo, numa referência direta a Mario Bros, se chamaria Super Mario Bros® (detalhes do jogo no Capítulo 2).

Em setembro de 1985 o Super Mario Bros® foi lançado nos *arcades* e para o Famicom® (não há precisão quanto à data do *arcade*) e o sucesso foi inigualável. O Super Mario Bros® posteriormente passou a ser vendido junto com o console, aumentando ainda mais as vendas e, após alguns meses necessários para sua tradução, foi lançado em território americano. Replicando o cenário japonês, as pessoas compravam o NES® apenas para poder jogar Super Mario Bros® em casa.

O Super Mario Bros® foi um dos jogos para vídeo game doméstico mais vendidos de toda a história e, após aportar no ocidente, tornou Mario uma celebridade tão conhecida quanto Mickey Mouse, elevando a personagem à condição de ícone cultural e tornando-o porta-voz e o próprio alterego da Nintendo®.

Super Mario Bros® foi um jogo inovador sob vários aspectos. Os cenários com um visual colorido e fantástico (perfeito para o hardware do NES) além de trazer brilho à performance de Mario, ainda escondiam tesouros como o uso extensivo de easter eggs,[9]

9   *Easter eggs* são pequenos segredos escondidos em alguns jogos, que o jogador deve descobrir sozinho. Esses segredos podem ser vidas extras, pontuação, ou até fases inteiras, como no caso do Super Mario Bros®. Geralmente, acessar esses segredos envolve fazer coisas aparentemente sem sentido, como andar pela parede ou socar uma pedra que em nada difere das outras do cenário. O primeiro caso de *easter egg* foi de Warren Robinett, programador da Atari®, que escondeu seu nome em uma sala do jogo Adventure®, de 1979.

passagens secretas escondidas em tubos e precipícios, levando Mario a cenários paralelos, cortando caminho e criando diferentes estratégias de jogo a cada escolha do jogador. Além de quebrar a linearidade, Super Mario Bros® trouxe uma complexidade e uma profundidade nunca exploradas em um jogo de ação e colocou Shigeru Myiamoto em destaque no mundo do vídeo game.

O desenvolvimento do hardware dos vídeo games, fazia com que os consoles se tornassem comparáveis a computadores de 8 bits, com boa quantidade de memória (variando de acordo com o console), mas a qualidade do processamento gráfico, apesar de ter evoluído muito desde o Atari VCS®, ainda permitia apenas algumas poucas dezenas de cores, muitas vezes, não simultaneamente. O NES®, por exemplo, era capaz de gerar gráficos de resolução de 256 x 240 pixels, considerado na época "alta resolução", com uma paleta de 52 cores que permitia somente 16 simultâneas na tela (subterfúgios de software aumentavam um pouco essa capacidade). Outros vídeo games da época como o Sega Master System® diferiam muito pouco dessa configuração.

Essa qualidade gráfica trouxe para a casa do consumidor jogos comparáveis aos dos *arcades* da época, mas ainda não permitia representação realista, o que ditou uma tendência ao se usar linguagem de desenho animado, calcada nas poucas cores (sempre vibrantes e artificiais) dos vídeo games de então.

Após Super Mario Bros®, outro jogo que fez muito sucesso em 1987 para o NES® foi The Legend of Zelda® (Nintendo®, 1987), um vídeo game de ação que trazia muitos desafios além de quebra-cabeças e exigia muitas horas para chegar a seu final. Por isso, The Legend of Zelda® foi o primeiro cartucho de vídeo game a trazer uma bateria interna, permitindo ao jogador gravar seu progresso, outra grande criação de Shigeru Myiamoto. Graficamente o jogo não trazia nenhuma inovação e esbarrava nas limitações do hardware do NES®. Mas sua mecânica e jogabilidade faziam de Zelda® um jogo revolucionário.

Myiamoto se especializou nos quebra-cabeças e em certos desafios que exigiam muito raciocínio lógico e estratégia. No jogo, o praticante faz o papel do elfo Link, que deve explorar um grande mapa, lutando contra monstros e vasculhando masmorras até encontrar e vencer o grande Ganon, por fim, resgatando Zelda, princesa de Hyrule. O trabalho de exploração de mapas que Myiamoto desenvolveu em Mario, chegava a sua excelência. A visão panorâmica do jogo se dá por uma visão aérea do cenário, com o mapa inteiro formado por centenas de telas (Figura 1.15).

Introdução à história dos vídeo games 49

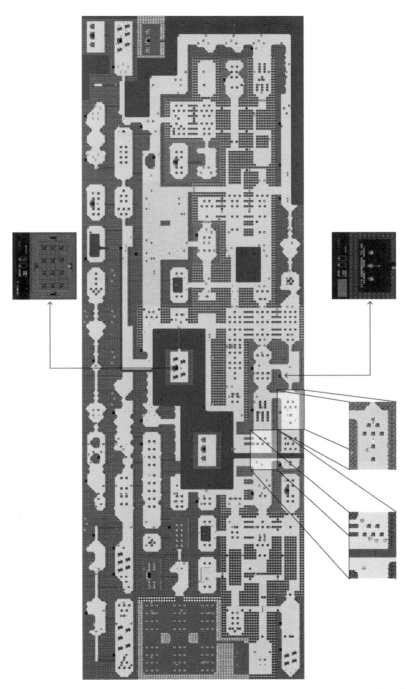

Figura 1.15 – O universo de Zelda® é formado por telas individuais que, justapostas, formam uma grande matriz. Há ainda, os *dungeons*, que são acessados por pequenas cavernas no jogo. Cada *dungeon* traz uma nova matriz.

Além dos *puzzles* básicos (o jogador deve abrir essa porta com a chave "X"), Myiamoto começou a explorar um tipo de quebra-cabeças que se tornou sua marca registrada. Por vezes, o jogador se encontra numa parte do jogo onde vê algo de que precisa muito para prosseguir (uma chave, uma arma etc.), mas entre o jogador e esse objeto sempre há algo intransponível, como um rio ou um precipício. A melhor estratégia, então, era memorizar a posição dessa tela mentalmente e procurar caminhos alternativos para chegar nessa mesma tela pelo outro lado. Isso obrigava o jogador a explorar cada vez mais, pois quanto mais conhecesse o mapa, mais caminhos descobriria, passando pelos mais diversos desafios e provações. Esse tipo de jogo, em que uma personagem interpreta um papel e evolui no decorrer dos eventos, tendo como objetivos o seu desenvolvimento e o alcance de algum objetivo distante, é a base do conhecido RPG (*Role Playing Game*, ou jogo de interpretação de papéis) e The Legend of Zelda® ficou conhecido como um Action-RPG (ou RPG de ação), pois não era baseado em cartas e em jogadas alternadas como o conceito original.

Mas como o desenvolvimento tecnológico nunca para, alguns fabricantes já experimentavam o mundo dos processadores de 16 bits, e a japonesa NEC® (grande fabricante de computadores japonesa) resolveu entrar no mercado de vídeo games em 1987 com um híbrido: um vídeo game de 8 bits que trazia um processador gráfico de 16 bits. O NEC PC Engine® (nome do console) era um grande salto para a época, com resolução de até 512 x 256 pixels com 32 cores simultâneas de uma paleta de 512 (Figura 1.16), além de som estéreo.

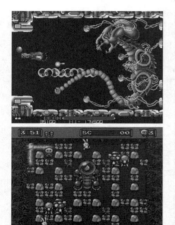

Figura 1.16 – O poder gráfico do PC Engine® era notável, comparado aos consoles da época.

O processador gráfico de 16 bits do PC-Engine®, além de melhorar a qualidade gráfica, permitia o uso de avatares maiores (seu processador conseguia mover objetos maiores em tela), equiparando o console aos *arcades* da época. A NEC® ainda prometia aliar esse poder gráfico a uma nova tecnologia que estava surgindo.

O CD (*Compact Disc*) lançado mundialmente em 1984, além de revolucionar o mercado fonográfico representou um avanço em toda a indústria de tecnologia de informática pelo fato de sua gravação ser feita digitalmente, tornando-o uma mídia apropriada também para computadores. Enquanto um disquete de 5,25" armazenava cerca de 360 kb e um de 3,5" armazenava no máximo 1.000 kb (1 Mb), um CD sozinho era capaz de armazenar cerca de 600 Mb. Essa grande capacidade permitia colocar num CD, além da informação textual, músicas e vídeos, fazendo explodir o conceito multimídia e abrindo as portas para um novo mercado de entretenimento.

Ao lançar uma unidade de CD-ROM para o PC-Engine® em 1988, a NEC® inovou permitindo aos vídeo games alcançar um novo patamar dramático, com jogos que apresentavam grandes aberturas e cut-scenes[10] animadas acompanhadas de som digital com qualidade de CD.

Apesar de seu grande sucesso no Japão, após alguns anos o PC-Engine® aportou de maneira modesta nos Estados Unidos. Lançado com o nome de Turbo Grafx 16®, foi aguardado com grande expectativa por parte dos consumidores que ansiavam o poder gráfico dos 16 bits, mas as vendas não corresponderam, em parte por um trabalho ruim de distribuição e marketing, em parte pela falta de jogos que fosse baseados em franquias de sucesso; nem mesmo a introdução da inovadora tecnologia do CD-ROM o salvou de um triste fim.

Mesmo assim o CD-ROM começou a ser estudado por toda a indústria de vídeo games como um dos próximos passos, aumentando a capacidade dos jogos, tanto gráfica quanto sonoramente, e criando um mercado com novas possibilidades.

10 Cenas animadas intercaladas às ações e à parte interativa do jogo, ajudando a construir o universo narrativo.

1.5 A guerra dos 16 bits

A Sega, em 1989, cansada de insistir em seu Master System® de 8 bits que não emplacou no ocidente, começou a desenvolver um sistema que carregava o processador Motorola 68000®, o mesmo usado nos computadores Macintosh® da época. Esse sistema prometia ser tão poderoso que tinha um processador de 8 bits apenas para controlar os seus 10 canais de som estéreo. As especificações desse novo sistema eram muito superiores aos dos vídeo games de sua época. Sua resolução era de 320 x 244 pixels em tela, com 64 cores simultâneas de uma paleta de 512. Isso permitia gráficos com muito mais detalhes e complexidade.

Para o lançamento do Sega Mega Drive® (Sega Genesis® nos Estados Unidos) foi preparada a adaptação de um jogo que fazia razoável sucesso nos *arcades*, chamado Altered Beast® (Figura 1.17). O que mais impressionava nesse lançamento era o fato de que, nos vídeo games de 8 bits, as personagens do jogo eram, geralmente, diminutas e sem muitos detalhes enquanto no Altered Beast® do Mega Drive® o jogador controlava um avatar que ocupava quase metade da tela e tinha um rosto com expressões identificáveis.

Figura 1.17 – O Altered Beast® para o Sega Genesis®.

A diferença era notável, mas a trajetória do Sega Mega Drive® não era tão fácil. A Nintendo® possuia licenças exclusivas dos maiores sucessos dos *arcades* de várias desenvolvedoras adaptadas para seu NES, e sobrava para a Sega® a possibilidade de adaptação apenas de seus próprios *arcades*, o que poderia ser pouco. Uma das soluções foi atrair grandes produtoras de jogos para computador como Eletronic Arts®, Accolade® e Sierra Online® para produzirem versões de grandes jogos de computadores de 16 bits para seu novo console.

Outra estratégia adotada pela Sega® foi licenciar grandes astros do esporte e celebridades para estrelarem seus jogos, o que se provou um sucesso. Jogos como Moonwalker®, estrelando Michael Jackson e Joe Montana's Football® foram franquias que venderam bem e ajudaram a estabelecer o Mega Drive® no mercado de 16 bits.

A Nintendo®, num ato de arrogância, fez declarações comentando sobre o Sega Mega Drive® como mais um console a dividir o pouco do mercado que não era da Nintendo®, e não como ameaça a sua liderança.

O mercado de *arcades*, que ditava linguagens, mas que estava estagnado desde 1983, começou a dar sinais de vida em 1989 graças a um jogo responsável por mudanças na estética dos jogos de luta. Yoshiki Okamoto, designer da Capcom®, criador de clássicos como Time Pilot® (1982) e 1942 (1984), começou a observar o jogo Double Dragon II®, de uma concorrente chamada Technos Japan®.

Introdução à história dos vídeo games

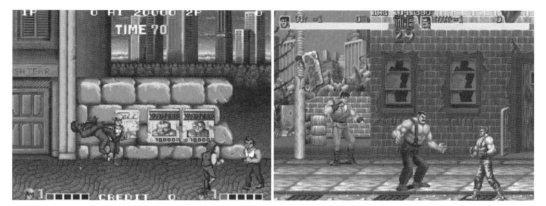

Figura 1.18 – Telas do Double Dragon II® e do Final Fight®.

O que chamou sua atenção foi a maneira como os gráficos eram datados. O Double Dragon II® era um jogo no qual um ou mais jogadores lutavam contra oponentes enquanto avançavam, tela a tela, em uma rolagem lateral. Os avatares no Double Dragon® eram diminutos e atarracados, desproporcionais e com uma linguagem gráfica infantilizada. Okamoto, amparado pelo time de engenheiros da Capcom®, que haviam acabado de desenhar um novo hardware mais poderoso para seus *arcades*, resolveu trabalhar num conceito similar de jogo, mudando o que não gostava. O resultado foi o jogo Final Fight® (Figura 1.18).

Okamoto criou avatares com proporções de um adulto, ocupando metade da tela. Simplificou os comandos e melhorou a interface do jogo. Enquanto o Double Dragon® usava três botões para ataques, Final Fight® usava apenas dois, um para ataque e outro para pulo. Os avatares podiam realizar diversos golpes com essa combinação, não exigindo tanto do jogador. O *arcade* foi um sucesso e estabeleceu uma linguagem para os jogos de luta, servindo de semente para o jogo seguinte de Okamoto que realmente mudou a história dos *arcades* no mundo.

Após o sucesso de Final Fight®, Okamoto foi designado para produzir a sequência de um jogo de 1987, chamado Street Fighter®. Esse era um jogo de *rounds*, no qual o jogador lutava contra oponentes únicos em uma melhor de três. Okamoto gostou do desafio e trabalhando em uma linguagem próxima a de Final Fight® construiu seu novo sucesso.

Figura 1.19 – O Street Fighter II® trouxe o público de volta para os *arcades*.

Do jogo original eles mantiveram três elementos: movimentos secretos que liberavam golpes como bolas de fogo e outros, uma personagem chamada Ryu e outra chamada Ken. Vários designers trabalhavam em cada uma das personagens, adicionando detalhes e movimentos secretos, melhorando a jogabilidade e a fluidez dos golpes. Okamoto baseou a jogabilidade na possibilidade de o jogador descobrir novos golpes secretos, não descritos nas instruções.

O Street Fighter II: The World Warrior® (Figura 1.19), lançado em 1991, reacendeu o interesse por *arcades* no Japão e nos Estados Unidos. Era a primeira vez, desde Pacman® que donos de *arcade* compravam fileiras inteiras de um único jogo. O Street Fighter II® atraiu os jogadores de volta aos *arcades*.

No mundo dos consoles domésticos, apesar dos resultados obtidos pela consolidação do Mega Drive® como um bom console para esportes e portes de seus *arcades*, a Sega® acreditava ser imprescindível ter uma mascote como o Mario ou Mickey Mouse estrelando jogos de ação e se traduzindo como alterego da própria Sega®. Após reuniões e alguns estudos por seus designers, Masato Oshima teve um de seus rascunhos aprovados e a nova personagem, símbolo da Sega®, seria um pequeno roedor antropoformizado que parecia bem agressivo e cheio de atitude. Era um porco-espinho e foi batizado de Sonic®.

Após a escolha da mascote, eles precisavam de um jogo de ação para ele e a tarefa foi dada à equipe de Yuji Naka. Naka queria que o jogo fosse similar ao Super Mario Bros®, porém um pouco mais simples. Se Mario recolhia estrelas, Sonic® teria de recolher anéis. Assim como Mario, que deveria dar saltos precisos, Sonic® também o faria. A grande diferença entre os dois jogos era a velocidade, pois Sonic® era muitas vezes mais rápido que Super Mario Bros®.

Outro diferencial interessante entre as duas empresas era a linguagem gráfica utilizada. A Nintendo® sempre usou gráficos mais infantis e com temática de conto de fadas. Um exemplo explícito é justamente Mario Bros®, com forte apelo às crianças. Sonic®, apesar de ter o mesmo apelo, usava de uma paleta mais viva e intensa, com gráficos futuristas e pseudotridimensionais, apontando para uma nova linguagem e alinhados com a velocidade do jogo.

Comparados a Sonic the Hedgehog®, mesmo o mais rápido jogo de corrida da época parecia lento. Os jogadores tinham de tomar decisões prévias e reagir rapidamente para sobreviver a cada nível do jogo. Quando a Sega® revelou Sonic The Hedgehog®, a reação foi de perplexidade. As revistas [especializadas em vídeo games] o aplaudiram como um dos melhores jogos já feitos e como prova de que o Genesis® [nome do Mega Drive® nos Estados Unidos] poderia fazer mais do que [jogos como] Golden Axe® e Moonwalker®. (KENT, 2001, p. 430, tradução do autor.)

Sonic The Hedgehog®, lançado em 1991, tomou lugar de Altered Beast® como jogo que acompanhava a compra do console. Muitas pessoas que aguardavam há algum tempo o próximo movimento da Nintendo® na direção dos 16 bits decidiram-se nesse momento pela compra do Mega Drive®. Com isso, a Sega® experimentava um sucesso real e a guerra mais acirrada da história dos vídeo games estava para começar.

O lançamento do Super Famicom® (o 16 bits da Nintendo®) no Japão em novembro de 1990, foi acompanhado de filas em portas de lojas e caos pelas poucas unidades que foram disponibilizadas nesse dia. A confusão foi tão grande que o governo japonês pediu à Nintendo® que realizasse seus próximos lançamentos apenas em finais de semana.

O Super Famicom® (que se chamaria Super NES® nos Estados Unidos) era um console que pretendia ser melhor que o Mega Drive® e que o PC Engine® em todos os quesitos. Ele tinha um processador de 16 bits, o Motorola 65816®, como central, um chip da Sony® para seu som estéreo e dois chips customizados para os gráficos.

A Nintendo® dizia que seu Super Famicom® havia sido desenhado visando seu processamento gráfico, não a velocidade de seu processamento central (isso seria, na visão de analistas, seu "calcanhar de Aquiles" tecnológico), apresentando uma resolução de até 512 x 448 pixels com uma paleta de 32.768 cores podendo ser 256 simultâneas. A dupla de chips que controlava o vídeo também oferecia uma matriz de efeitos chamada Mode 7 Graphics, que permitia zoom, rotação, paralaxe e outros efeitos de perspectiva e degradação de imagem (como mosaico), tudo nativo em hardware com rotinas prontas para uso. Esses efeitos proporcionados pela Mode 7 Graphics criaram uma linguagem toda própria de jogos, permitindo aos designers criar vários efeitos pseudotridimensionais, à época, chamados de efeitos de 2,5 dimensão, ou 2,5D (veja o jogo F-Zero® no Capítulo 2), com precisão e velocidade.

Figura 1.20 – O Sonic The Hedgehog® e o Super Mario World®. Sonic® foi criado como uma antítese ao mascote da Nintendo®.

Para acompanhar o sistema, Shigeru Myiamoto criou Super Mario World® (Figura 1.20), aguardado como a quarta sequência do encanador bigodudo. De fato, Super Mario World® foi uma bela evolução sobre o tema Mario. Myiamoto voltou a usar uma paleta de cores mais vibrante e chamativa (ao contrário das paletas em tons pastel da segunda e terceira sequência), introduziu Yoshi como companheiro dinossauro de Mario e criou um mundo ainda maior e mais complexo. Alguns analistas da época clamaram que Super Mario World® era o melhor vídeo game já criado.

No Japão, onde os consumidores eram mais leais à Nintendo® e ignoravam o Mega Drive®, o Super Famicom® vendia como pão quente, quase sem esforço por parte da empresa. Nos Estados Unidos a história seria outra, pois ao contrário do que aconteceu com o NES®, o Super NES® seria lançado em setembro de 1991 contra um produto já estabelecido. O Genesis®, então, tinha em seu catálogo 150 títulos diferentes de cartuchos enquanto o Super NES® seria lançado com apenas 12 disponíveis. Até no preço o Super NES® perdia, sendo vendido 25% mais caro do que o rival. A batalha foi acirrada no final de 1991, com ligeira vantagem da Sega®, que vendeu um milhão de consoles Genesis® contra 700 mil Super NES®.

A batalha não era fácil para a Nintendo®. Os títulos de lançamento para o Super NES® não eram lá muito divertidos (exceto o sucesso Super Mario World®) e os novos lançamentos demoravam muito para acontecer. A Capcom® lançou uma versão de Final Fight® exclusiva para ele, mas a Sega® contra-atacou com Streets of Rage®, um jogo similar e com grande apelo. A chance de virada da Nintendo® era um novo jogo das franquias Mario ou Zelda, mas um título desse só acontecia uma vez ao ano, enquanto a Sega® se mostrava mais ágil e lançava pelo menos dois grandes títulos no mesmo período.

A atitude da Sega® também era muito diferente. Enquanto a linguagem comercial da Nintendo® era infantil e falava com pré-adolescentes, a Sega® explorava uma imagem mais alternativa, *underground*, ruidosa, contestadora, falando diretamente aos adolescentes e jovens adultos, que eram um mercado inexplorado.

As duas grandes empresas japonesas começaram então a estudar a nova mídia CD-ROM e a desenvolver maneiras de usá-la em seus consoles. O CD já não era novidade, o próprio PC Engine® já o usava há quase dois anos e estava se tornando comum nos computadores. A Sega lançou seu Mega-CD® no final de 1991, no Japão, e no ano seguinte, nos Estados Unidos, como Sega-CD®. Era um acessório que, quando acoplado ao Mega Drive® ficava sob ele, encaixando-se perfeitamente. O Mega-CD® tinha seu próprio processador de 16 bits e em conjunto com o Mega Drive® aumentava seu poder de processamento. Os jogos, que em cartucho variavam entre 8 e 16 megabits (1 e 2 megabytes), podiam ter até 650 megabytes num CD e ainda permitiam avanços como som de CD e imagens digitalizadas (Figura 1.21).

O problema era a falta de software para a nova máquina. O CD-ROM da Sega® teve pouco apoio das desenvolvedoras e lançou poucos títulos que merecessem atenção. As vendas e o surgimento de novos jogos ficaram ainda piores quando a Sega® anunciou que estava trabalhando na geração seguinte de vídeo games de 32 bits, confundindo o mercado e os desenvolvedores.

Figura 1.21 – O Silpheed®, para Mega-CD®.

A Nintendo® também se mexeu e anunciou uma parceria com a Sony® para produção de uma unidade de CD-ROM para seu Super Famicom®, que se chamaria Nintendo Play Station® e, antes que a Sony® terminasse projeto, a Nintendo® disse à imprensa que tinha fechado um acordo para que a Philips® o fizesse. A Sony®, contrariada pela humilhação pública que a Nintendo® a fez passar, acelera os planos para lançamento de sua unidade de CD-ROM independente, transformando-se no que seria o Sony Playstation®.

O CD-ROM da Nintendo®, após muitas idas e vindas com a Philips®, não vingou, e a Nintendo® foi silenciando-se sobre o assunto. Quando abordados em entrevistas e coletivas, os executivos da Nintendo® argumentavam que o CD ainda não era uma mídia adequada aos vídeo games em virtude de sua lentidão (o que era verdade, mas não impedia seus concorrentes de desenvolver novos produtos).

O CD-ROM se tornou outra forma de ameaça para a Sega® e a Nintendo® de outra maneira: computadores com kits multimídia. Assim, como a popularização dos computadores ajudou a comprometer a indústria de vídeo games em 1983, os PCs com capacidade multimídia começaram a concorrer com consoles de vídeo game no começo dos anos 1990.

1.6 A nova ameaça dos computadores pessoais

O consumidor sempre está atrás das inovações e da melhor experiência de jogo. Enquanto a Sega® e a Nintendo® travavam uma guerra no mercado de consoles, os computadores compatíveis com IBM PC® começaram a ser equipados com capacidade multimídia. Placas com som estéreo, placas gráficas que davam a capacidade de geração de milhares de cores simultâneas e, por fim, o CD-ROM coroando os sistemas. Tudo isso parecia muito além dos consoles de então.

Em 1985 começaram a surgir computadores pessoais que eram estações gráficas poderosas como o Macintosh® e esses equipamentos receberam versões mais espartanas com preço mais adequado ao grande mercado e couberam no bolso do consumidor de vídeo games por volta de 1987. O Commodore Amiga® e o Atari ST® são os grandes representantes, com arquiteturas parecidas e baseadas no mesmo processador do Macintosh® e do Mega Drive®, o Motorola 68000®.

O Amiga® (Figura 1.22), era capaz de apresentar gráficos de 640 x 512 pixels com 4.096 cores, ou seja, permitindo uma representação quase fotorealística. Apesar de custar um quinto do preço de um Macintosh®, custava pelo menos o dobro de um console de vídeo game de sua época. Seu sucesso deve ser considerado, mas ficou restrito a entusiastas de computadores e vídeo games.

Os computadores compatíveis com IBM PC só começaram a ter essa capacidade a partir do final da década de 1980, com o surgimento de kits multimídia acessíveis ao grande público. O preço alto desses computadores limitou seu alcance ao mercado adulto, confirmado pelos grandes títulos do sistema, com temática nada infantil.

Figura 1.22 – O Computador Amiga 500®. *Fonte*: Foto de Bill Bertram, reproduzida sob licença Creative Commons 2.5.

Figura 1.23 – Myst®, o primeiro *best-seller* em CD-ROM.

Não tardou até aparecer o grande sucesso multimídia dos PCs e o primeiro CD-ROM a vender um milhão de cópias: Myst®. O jogo consistia em cenas virtuais criadas em computador, ricas e muito detalhadas, em que o jogador procurava pistas e resolvia quebra-cabeças para ir à localidade seguinte. Analisando-se friamente, Myst® era um *adventure*, a diferença estava no fato de, por ser apenas gráfico, não requerer o uso de textos de comando. Tudo era feito com o mouse e o gênero acabou conhecido como *"point-and-click"*.

O Myst® (Figura 1.23) foi um dos responsáveis (juntamente com o jogo 7th Guest® e o Virgin®, 1993) pelo sucesso dos kits multimídia, pois as pessoas os compravam somente para poder jogá-los. Os computadores pessoais, como o Amiga®, começaram a perder espaço no começo dos anos 1990, fechando-se em nichos até desaparecerem por completo até o final dessa década. Tudo por conta da popularização dos compatíveis com o IBM PC®, que seriam responsáveis por uma nova linguagem para os jogos.

Outra revolução estava para acontecer com o lançamento do jogo Wolfenstein 3D® (Figura 1.24), da id Software® para PC, que inaugurou um novo gênero de jogos de horror. No jogo, o

Introdução à história dos vídeo games

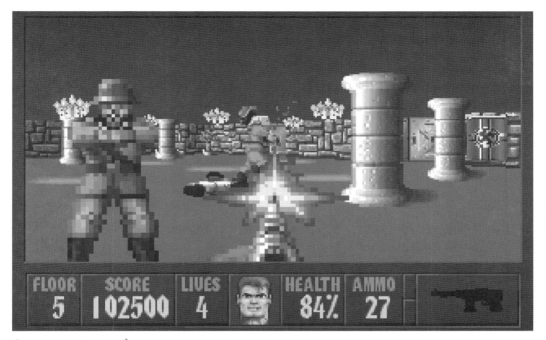

Figura 1.24 – O Wolfenstein 3D®.

praticante controlava um soldado em primeira pessoa, através de corredores de um castelo, matando nazistas, cachorros assassinos e até mesmo o próprio Adolf Hitler.

A novidade, além da velocidade e ação em 3D, era o fato de que, ao abater os inimigos, eles não desapareciam simplesmente, mas ficavam no chão sangrando. O jogo cativou mais pelo fato de propor uma nova jogabilidade e experiência. Apesar de o Wolfenstein 3D® inaugurar um gênero, o jogo seguinte da id Software® o consolidaria e criaria os padrões para os próximos jogos.

Para seu lançamento seguinte, a id Software® levaria seis meses no desenvolvimento de um novo interpretador gráfico (*engine* gráfico), um editor de mapas e na programação em si. O Doom® tem mais sangue e mais horror que Wolfenstein®. Além das inovações no jogo, o Doom® consolidou também uma nova forma de distribuição que ajudaria as desenvolvedoras pequenas: o *shareware*.

Assim como o Wolfenstein 3D®, o Doom® foi distribuído como *shareware*, em 1993, por meio de uma ainda incipiente internet. Pela lógica do *shareware*, os usuários baixavam a primeira missão do jogo gratuitamente e, se gostassem, podiam comprar as outras missões. A propaganda feita pela internet, pela rede de universitários e pelos entusiastas de vídeo games, antes do lançamento do jogo, fez com que os servidores que forneciam o jogo simplesmente não dessem conta do volume.

O Doom® (Figura 1.25) estabeleceu os precedentes para o gênero, servindo de referência para todos os jogos em primeira pessoa a partir dele. O jogo também ajudou a validar a ideia do *shareware* e a distribuição de cópias de demonstração como ferramenta de marketing. O Doom® também mostrou o poder dos jogos multiplayer, tendo como opção de jogo o *deathmatch*, em que vários jogadores em rede se perseguiam nos labirintos do jogo. Os modos multiplayer se tornariam tendência com a consolidação da internet.

Com isso, os computadores se estabeleceram como um universo paralelo ao mundo dos consoles e *arcades*, sem medo de oferecer jogos mais adultos, multiplayers e com a possibilidade de se jogar em rede. Seu preço também favoreceu esse cenário adulto, colocando os PCs também como opção para dar um segundo uso ao computador que já possuíam.

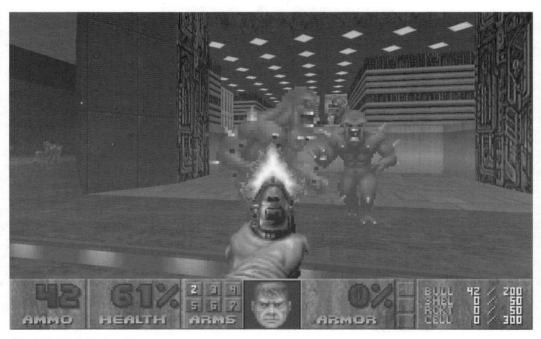

Figura 1.25 – Tela do jogo Doom®.

1.7 Playstation® e a revolução da Sony® (1996-2000)

O primeiro console a entrar na onda do multimídia não veio de nenhuma das grandes Sega®, Nintendo® ou Atari®, e sim de uma empresa criada apenas para desenvolver tecnologia, a 3DO. A empresa, em vez de fabricar o console, criou sua tecnologia e a licenciava para grandes fabricantes. O primeiro licenciado foi a Panasonic®, que fabricou o console com o nome de R.E.A.L. Multiplayer®.

A tecnologia do console prometido pela 3DO impressionava no começo de 1993 quando foi anunciado. Ele, que carregava o sufixo de "multiplayer", era baseado apenas em CD-ROM e permitia, além de executar jogos, tocar música, reproduzir filmes e fotografias digitais. Seu processador era de tecnologia RISC (até então só encontrados em supercomputadores) com 32 bits, e o aparelho tinha 3 megabytes de memória. Era uma máquina poderosa quando foi anunciado, mas foi atropelado pela tecnologia enquanto estava sendo desenvolvido.

Apesar de ter inaugurado a era dos vídeo games de 32 bits, o 3DO não tinha uma unidade de ponto flutuante atrelada a seu processador, o que impedia um bom desempenho com gráficos tridimensionais que já se anunciavam como a próxima onda. Os vídeo games que o sucederam eram desenhados dessa lógica e ela se tornou a linguagem dominante como veremos mais adiante. Esse foi o "calcanhar de Aquiles" do 3DO.

Outro problema era a falta de identidade. Seu preço (perto de 700 dólares) o colocava no segmento adulto, e o software que o acompanhava era um multimídia educacional infantil. Para o mercado, o 3DO era anunciado como uma estação multimídia e como vídeo game, mas nada ficava muito claro, confundindo ainda mais um consumidor que ainda estava se acostumando com alguns termos e tecnologias então emergentes.

Os primeiros jogos desenvolvidos também não conseguiram mostrar todo o potencial da máquina. Apesar de, no ano seguinte, terem surgido jogos melhores, e que quebravam a barreira da geração 32 bits, o estrago já estava feito, e mesmo com reduções de preço e outras promoções, a plataforma 3DO não conseguiu construir uma história de sucesso.

Figura 1.26 – Telas do Donkey Kong Country®.

Por incrível que pareça, e com toda atenção em cima do termo multimídia e do CD-ROM, o grande sucesso de 1994 foi um jogo para Super NES® em cartucho. Desenvolvido pela inglesa Rare®, o Donkey Kong Country® (Figura 1.26) usou uma tecnologia inovadora em que a Rare®, utilizando uma superestação gráfica Silicon Graphics®, construiu todo um universo em 3D e depois os transferiu como gráficos bidimensionais para o Super NES®.

Essa tecnologia permitiu uma qualidade gráfica nunca vista em um vídeo game de 16 bits, rivalizando inclusive com os 32 bits da época. A jogabilidade também era perfeita, e sob a benção de Shigeru Myiamoto a Rare® conseguiu uma experiência de jogo com a qualidade dos melhores jogos da Nintendo®.

Essa tecnologia seria usada em mais três jogos para o Super NES®, aumentando sua sobrevida enquanto a Nintendo® preparava um novo console em conjunto com a Silicon Graphics®, codinomeado Ultra 64®.

O mundo dos *arcades*, que recebeu uma injeção de ânimo e um sopro de vida com Street Fighter II® alguns anos antes, ganhou em 1993 mais uma dose de energia com o lançamento de um jogo de luta que seria uma amostra da nova linguagem para o mercado de 32 bits. O nome desse jogo era Virtua Fighter® (Figura 1.27).

Figura 1.27 – O Virtua Racing® e, depois, o Virtua Fighter®, definiram a linguagem dos vídeo games com tecnologia 3D vetorial.

Assim como Virtua Racing® (Figura 1.27) fez alguns meses antes, o Virtua Fighter® era um jogo de luta totalmente tridimensional. Em vez de trazer personagens detalhadas graficamente como os vistos em Mortal Kombat® ou mesmo no próprio Street Fighter II®, o Virtua Fighter® tinha personagens menos trabalhadas, dada a limitação do hardware responsável pelos cálculos de polígonos. O resultado foram personagens com cabeças facetadas e braços que pareciam prismas. Mas foi um sucesso. E o segredo era sua física realista, que permitia movimentos fluidos e autênticos, ao contrário dos movimentos pré-animados dos jogos anteriores. O Virtua Fighter® foi um dos maiores êxitos da Sega® no Japão e no mundo, e juntamente com jogos como o Doom®, pavimentou o caminho para uma nova linguagem de jogos tridimensionais.

Em 1994, a Sega® também resolveu entrar para o seleto clube dos 32 bits com o lançamento do Sega Saturn®, e como principal atrativo do console fez uma versão de Virtua Fighter® para ele. O jogo não vinha junto com o console, mas a popularidade dele nos *arcades* fez com que fosse vendido praticamente na proporção de um para um, com o aparelho. A venda só não foi maior por conta da quantidade de unidades enviadas aos revendedores, apenas 200.000, todos vendidos antecipadamente com reservas, gerando filas no dia de seu lançamento.

Silenciosamente a Sony® entrou no mercado nesse momento e como não tinha nenhuma história no mercado de vídeo games fez o lançamento de seu Playstation® sem muito alarde, enviando aos revendedores apenas 100 mil unidades.

O Playstation® (Figura 1.28) nasceu com uma arquitetura de 32 bits baseada no processador de tecnologia RISC R3000A®, capaz de interpretar 350.000 polígonos por segundo. O processador tinha um *engine* para acelerar cálculos de geometria tridimensional e sua arquitetura e ferramentas de programação tornaram fácil desenvolver jogos para a plataforma.

O nome da Sony® por trás do Playstation® facilitou as coisas dando credibilidade ao console e o esquema de licenciamento, acessível às pequenas *softwarehouses*, com um taxa de licença de 10 dólares por CD vendido, era liberal e acompanhado de ferramentas de desenvolvimento e apoio nunca antes vistos. Apesar de ser nova nesse mercado a Sony® sabia da importância de uma boa base de software. Isso atraiu todos os grandes desenvolvedores e permitiu a entrada de pequenos também, renovando o mercado.

Figura 1.28 – O Sony Playstation®. *Fonte*: Foto de Macara, uso permitido – domínio público

Como a Sony® não tinha nenhum estúdio próprio para desenvolvimento de jogos, foi até a Inglaterra e comprou a Psygnosis®, uma desenvolvedora sem expressão no mundo dos consoles. Mas o movimento aparentemente sem sentido era perfeito, pois a Psygnosis® foi responsável pelos melhores jogos do Amiga®, e conhecia bem a arquitetura de 32 bits e do 3D vetorial para qual, havia algum tempo, vinha lançando produtos.

O Playstation® além de colocar a Sony® no mapa dos vídeo games, foi responsável por algumas quebras de paradigmas e proporcionou grandes mudanças na linguagem gráfica dos vídeo games, traçando caminhos só possíveis por conta de sua tecnologia.

O processamento de 32 bits aliado à sua especialização em cálculos de geometria tridimensional tornou o Playstation® perfeito para ajudar a moldar toda uma nova geração de jogos, criando novas temáticas e tornando o 3D um degrau obrigatório a partir do qual todos os outros jogos deveriam partir (Figura 1.29). Alguns anos depois do lançamento do Playstation®, parecia simplesmente inconcebível um jogo, de qualquer gênero, não ser em 3D vetorial.

Essa nova tecnologia trouxe ao Playstation® uma linguagem gráfica que acabou por emular a do cinema, com suas câmeras e efeitos cinematográficos. Uma convergência parecia apontar no horizonte como o futuro para as duas mídias.

A Nintendo® continuava a anunciar ao mercado novas datas para o lançamento de seu novo console, agora codinomeado Project Reality®. Sua parceria com a Silicon Graphics® foi bem

Figura 1.29 – O Wipeout®, da Psygnosis® para Playstation®. O jogo tinha direção de arte de ninguém menos que a inglesa Designers Republic®.

recebida, pois a Silicon® tinha sido responsável pelas animações em computação gráfica em *Jurassic Park* e *Exterminador do Futuro 2*, que ainda estavam frescas na cabeça do público, tendo sido grandes sucessos do cinema.

Um dos anúncios da Nintendo® causou estranheza no público: seu Project Reality® teria software baseado em cartuchos, não em CD-ROMs. O presidente da Nintendo® ainda declarava que o problema era a velocidade de carregamento da nova mídia, mas toda imprensa captou esse movimento como fraqueza da Nintendo® e medo da pirataria que era facilitada por uma mídia de fácil cópia como o CD. Todo o mercado migraria aos poucos para o CD por conta de seu baixo custo de fabricação e os cartuchos, além de mais caros, eram limitados em capacidade. Todavia, a Nintendo® afirmava que assim como o preço, tudo seria resolvido.

1.8 Supercomputadores (2001-2005)

A Sony® tomou o mercado das gigantes Sega® e Nintendo®, além de quebrar os paradigmas das linguagens gráficas e estabelecer os novos padrões, os quais qualquer empresa que quisesse se lançar no mercado, a partir de então, deveria seguir. O Playstation®, além de ter mudado a linguagem gráfica estabelecendo o visual 3D como premissa, também foi o corresponsável pela consolidação do CD-ROM como mídia viável para vídeo games.

A gigante Nintendo® não pôde ficar parada muito tempo. Seu novo projeto já tinha passado por dois nomes código (Project Reality® e depois Ultra64®) e finalmente foi apresentado ao público especializado em uma feira fechada com seu nome oficial: Nintendo 64® (ou N64).

A parceria da Nintendo® com a Silicon Graphics® provou ser uma escolha feliz e a qualidade gráfica do console era superior até mesmo à do Playstation®. O vídeo game tinha uma arquitetura de 64 bits e trazia um controle revolucionário com uma alavanca analógica que depois se tornaria padrão em todos os consoles, mostrando o cuidado da Nintendo® com a interface.

Como cartão de visitas da Nintendo® para as novas tecnologias, o mestre Shigeru Myiamoto foi convocado a trazer uma aventura de Mario a esse novo universo tridimensional. A resposta da equipe de Myiamoto foi o transporte do gênero de plataforma para essa nova linguagem.

> Na época em que a Nintendo® lançou o Nintendo 64®, Myiamoto tinha criado jogos por quase 20 anos. Ele havia testemunhado e ajudado na evolução da indústria, do software, e da tecnologia do vídeo game. Seu primeiro jogo, Donkey

Kong®, foi criado por uma equipe de cinco pessoas e continha aproximadamente 20 kbytes de código. Agora, incumbido do carro chefe para o N64, seu time tinha crescido para mais de 50 membros. Em vez de 20 k, ele e seu time escreveriam 8 megabytes de código. Em vez de desenhar níveis que cabiam em uma tela, eles criaram enormes paisagens 3D completas com árvores, castelos e dinossauros. Adaptado a esse novo desafio, Myiamoto criou uma nova filosofia. Enquanto muitos *game designers* vinham com novidades e, então, construíam seus jogos ao redor delas, Myiamoto trabalhava em criar cenários expressivos, para depois criar maneiras de usá-los. (KENT, 2001, p. 530, tradução do autor.)

O Super Mario 64® usou, de uma maneira inédita, a possibilidade de criação de amplos espaços tridimensionais nas novas plataformas (Figura 1.30). O estímulo era grande e as soluções criadas pela equipe de Myiamoto transformaram os jogos de plataforma, com desafios só possíveis graças ao ambiente 3D.

A resposta da Nintendo® parecia à altura do Playstation®, mas essa primeira batalha ainda seria vencida pela Sony®, com o Playstation® se aproveitando eficazmente dos recursos da nova geração. A decisão de manter o N64 baseado em cartuchos se tornou problemática e os jogos demoravam mais para serem lançados além de serem "menores" do que os que vinham em CD. Isso afastou alguns desenvolvedores do N64, como a Squaresoft®, que levou sua franquia Final Fantasy® para a nova rival.

Figura 1.30 – O Super Mario 64® definiu o estilo plataforma em 3D.

A Sega®, com problemas financeiros, insistia em promover três plataformas distintas: o Mega Drive®, o 32X e o Saturn®, ao mesmo tempo, o que enfraquecia cada um deles, e deixava o público confuso quanto ao futuro pretendido pela Sega®. Mas quem achava que a Sega® estava parada ou acabada enganou-se.

Apesar dos péssimos resultados financeiros e a morte prematura do Saturn®, a Sega® preparou uma máquina invejável para lançamento em 1998: o Dreamcast®. Com arquitetura de 128 bits ele seria o mais avançado dos consoles da época. Ele vinha com um modem interno, usava um padrão de mídia proprietário chamado GD-ROM, capaz de armazenar 1 gb e viria com o Windows CE® como sistema operacional.

Concomitante ao projeto da Sega®, a Sony® também preparava a geração seguinte do seu Playstation®, e gastou 160 milhões de dólares em parceria com a Toshiba® para apresentar um novo sistema realmente diferente com novos conceitos para o desenvolvimento e hardware para jogos (KENT, 2001, p. 560).

O Playstation 2® foi construído a partir de seu processamento gráfico, não de seu processamento central. Ao contrário do Dreamcast® que podia renderizar 3 milhões de polígonos por segundo em tempo real, o Playstation 2® podia renderizar 60 milhões de polígonos, número que caia para ainda estonteantes 16 milhões ao acrescentarmos efeitos de partícula, sombra e nevoeiro.

Enquanto o processamento central do Playstation 2®, com seu processador chamado Emotion Engine, não trazia nada de especial e era comparável a um Pentium II®, o processamento de todos os elementos que faziam diferença ao jogar vídeo game, como gráficos, sons e interface, foram separados do processador central e elevados a uma excelência digna de um supercomputador, com um poderio de cálculo de ponto flutuante centenas de vezes maior que o de um PC comum.

O Playstation 2® (Figura 1.31) iria usar como mídia o ainda novo DVD, podendo utiliza 8 gb de informação. O console ainda teria compatibilidade retroativa com o irmão mais velho Playstation®. O Sega Dreamcast®, assim como o 3DO, ficou obsoleto antes mesmo de seu lançamento.

A Nintendo® anunciou também um novo console, cujo desenvolvimento central ficou a cargo da IBM® e o processamento gráfico viria da ATI®. Teria uma unidade de DVD e seria lançado na mesma época que o Playstation 2®.

Figura 1.31 – Exemplos do poder de processamento do Playstation 2®. Em sentido horário, Gran Turismo 4® (da Polyphony Digital®, 2004), God of War 2® (da Sony®, 2005) e Okami® (da Clover Studio®, 2006).

Para o lançamento do Playstation 2®, a Sony® não tinha nenhum título arrasador, o único jogo que fez sucesso foi Ridge Racer V® (da Namco®, 2000), mas, mesmo assim, o dia de seu lançamento foi um grande evento e gerou inúmeras lendas. E, mesmo sem software, o Playstation 2® vendeu quase 1 milhão de unidades nesse dia; ao contrário de todos os consoles, o Playstation 2® estava vendendo apenas pelo seu hardware.

Com o vídeo game se transformando em central de entretenimento nas casas de todo o planeta, a Microsoft® resolveu desenvolver sua própria plataforma, baseada na tecnologia de PCs. Ao contrário da Sony®, que quando entrou na indústria de vídeo games era uma principiante, a Microsoft® já tinha bastante experiência sendo produtora de jogos há muito tempo.

Desenvolvido a partir da tecnologia de PCs de sua época, o Xbox® tinha especificações que impressionavam. Traria um conjunto de chips gráficos da nVidia®, um disco interno de 8 gb e placa Ethernet para jogos online em banda larga. Ele era uma máquina tecnicamente muito superior ao Playstation 2®.

Apesar de todo o esforço da Sega®, o Dreamcast® naufragou nesse mar de supercomputadores e a empresa decidiu, então, separar suas equipes de designers como unidades independentes de negócio. Muitos especuladores previram que a gigante estaria fazendo isso para, lentamente, sair do mercado de hardware e se dedicar a fazer jogos para outras plataformas, o que aconteceu mais tarde.

Em 2001, a Nintendo® lançou seu aguardado console de 128 bits, o Game Cube®, com processador IBM Power PC® e chips gráficos e sonoros da gigante ATI®. A máquina vinha com 40 mb de RAM e possibilidade de ser ligado a tevês com scan progressivo. Seu poder de processamento gráfico, superior ao do Playstation 2®, não teve a mesma aceitação dos desenvolvedores de jogos e a maioria de seus títulos de sucesso veio da própria Nintendo®.

A linguagem gráfica e a jogabilidade sofreriam outro choque quando a Rockstar® resolveu transpor seu Grand Theft Auto® para um ambiente 3D, possível no Playstation 2®. Ao criar um ambiente aberto, de livre navegação e com missões não lineares, a Rockstar® estabeleceu um novo padrão para os jogos de ação em 3D e, assim como o Playstation® original foi responsável pela linguagem 3D, a Rockstar® com seu Grand Theft Auto 3® estabeleceu os padrões para os ambientes abertos.

Nessa geração de vídeo games, podemos destacar mais títulos de sucesso que foram importantes para a história, como Halo® (da Bungie®, 2001) para o Xbox®, a série Gran Turismo® (da Polyphony Digital®, 1997-) e a série Metal Gear® (da Konami®, 2001) para o Playstation 2®.

As inovações da geração 32 bits para a geração 128 bits nos consoles, foram puramente de tecnologia, com a indústria buscando os melhores gráficos, o melhor som, a melhor reprodução. Grandes inovações em linguagem e/ou semântica ficaram para a geração seguinte, mas, com o advento da internet e das conexões em banda larga, os vídeo games jogados em computadores PCs ganharam um gênero praticamente só deles, que criou uma linguagem própria e uma nova horda de jogadores: os Online RPGs.

O desenvolvimento da informática proporcionou aos desenvolvedores criar universos persistentes inteiros online, 24 horas por dia, povoados por jogadores de todo o planeta, interagindo entre si e com esse universo.

> O online RPG em si não é algo novo, podemos remontar sua história a partir dos *mainframes* e minicomputadores na década de 1960, passando pelos MUDs (*Multi User Dungeons*) jogados com computadores pessoais no início da década de 1980 com modems por meio de serviços de BBS. Uma visão completa dessa história pode ser obtida com a leitura do ensaio Online Role-Playing Games, de Kelly Boudreau. (WOLF, 2003 p. 173, tradução do autor.)

A grande mudança aqui foi a convergência da tecnologia de gráficos 3D em conjunto com a internet em banda larga, que proporcionou mundos tridimensionais exploráveis em tempo real, como metaversos. Jogos como Word of Warcraft® (2004) ou Everquest® (1999) são povoados por milhares de jogadores que criaram um ecossistema próprio digital. O World of Warcraft® tinha, no final de 2007, nove milhões de usuários registrados.

O vídeo game chegou, então, num ponto em que os universos exploráveis tridimensionais são uma realidade em jogos online em tempo real. Chegamos ao esgotamento de uma linguagem? Talvez graficamente sim, mas existem outros elementos que fazem parte do *video game design* e da experiência do jogar, e que começaram a ser explorados pela geração seguinte.

1.9 O triunfo da interface e os sintetizadores de realidade

Enquanto ainda acontecia a briga acirrada entre os consoles das três gigantes: Microsoft® (Xbox®), Sony® (Playsation 2®) e Nintendo® (Game Cube®), os rumores apontavam para mais polêmica. Como no final de 2002, quando revistas especializadas como a *EGM* (*Eletronic Gaming Monthly*) chegaram a publicar que a Nintendo® poderia tomar um rumo parecido com o da Sega® e se tornar apenas produtora de software, visto que seu Game Cube® nunca alcançou o sucesso esperado, essa notícia se provaria um boato ao longo do tempo.

No final do primeiro semestre de 2003 apareceram as primeiras notícias vindas de dentro dos quartéis generais das grandes marcas e as estratégias para a nova geração de consoles.

A Sony® prometia um novo supercomputador com seu Playstation 3®, todo baseado em tecnologia Cell® da IBM®. Esse console seria como uma central de entretenimento, com HD interno, retrocompatibilidade, capaz de gravar programas da tevê direto no seu disco. A dúvida ficava quanto à identidade do console, visto que a Sony® não deixava claro se posicionaria o PS3 como um vídeo game ou como um eletroeletrônico à semelhança do fracassado PSX®.

A Microsoft®, por outro lado, se adiantou e prometia seu Xenon® (nome código para o novo console) ainda para o final de 2005, à frente das outras fabricantes. Com especificações que também o habilitariam como central de entretenimento, o Xenon® teria, como seu antecessor, arquitetura de computadores PC, com chips AMD® ou Intel® e HD interno capaz de gravar programas de tevê.

Como a mais quieta das três gigantes, a Nintendo® não divulgava nenhuma especificação para seu novo console, apenas que recorreria novamente à ATI® para seus chips gráficos e que provavelmente seu novo console teria direcionamento claro para jogos, bem como foi o Game Cube®. De qualquer maneira, a Sony®, a Microsoft® e a Nintendo® prometiam consoles totalmente preparados para o que seria a nova grande onda: jogos online e conteúdo para download via internet.

Além dessa nova promessa, um pequeno acessório lançado no final de 2003 deu uma pequena dica de uma tendência para a próxima geração de vídeo games: o Eye Toy® para Playstation 2®. O acessório, uma câmera para ser ligada na entrada USB do console, colocava imagens captadas dentro de jogos e criava interação entre as imagens e seus elementos. O jogador podia ficar em frente à tevê e assistir a si mesmo nocauteando um adversário na tela. O acessório era simples e os jogos sem nenhuma complexidade, mas o interessante era a interação direta, sem ajuda de controles.

Enquanto isso, a Sony® terminava o desenvolvimento de seu console portátil, o PSP (Playstation Portable®), e prometia seu lançamento para 2004 simultaneamente no mundo todo. A tela *widescreen* e uma capacidade gráfica similar á do Playstation 2® estavam entre suas especificações, incluindo acesso sem fio a redes locais e um posicionamento ligeiramente diferente do Game Boy Advance® (seu grande concorrente).

No início de 2004, a Nintendo® divulgou as especificações do que seria o sucessor de seu portátil Game Boy Advance®, o Nintendo DS® (codinome Nitro). Esse novo console traria um conceito novo de jogo e a Nintendo® prometia uma nova maneira de se relacionar com os portáteis. O DS de seu nome vinha justamente dessa novidade: Double Screen. E além de ter uma tela dupla, a segunda era sensível ao toque. A Nintendo® prometia o DS como independente e que não concorreria com o Game Boy Advance®. A história, porém, provaria o contrário.

A Microsoft® apresentou oficialmente o novo console para a imprensa no início de 2005. O Xbox360® (nome oficial) seria lançado mundialmente no final de 2005 e correspondia a tudo o que havia sido prometido. A única mudança significativa foi a troca da arquitetura baseada em chips Intel® para uma baseada em chips IBM Power PC® (parecidos com o Cell® do futuro Playstation 3®). O console teria controles sem fio, HD interno para baixar conteúdo online, e seria personalizável. Para o lançamento, a Microsoft® prometia Halo 3®, a mesma franquia que fez o sucesso do Xbox® original.

A Sony®, que havia prometido o seu Playstation 3® para o primeiro trimestre de 2005, antes mesmo do Xbox360®, sumiu da imprensa e divulgou apenas que o novo console, ao contrário do que todos esperavam, teria chips gráficos da nVidia®. Em meados de 2005 a Sony® aproveitou a feira E3 (Electronic Entertainment Expo) e divulgou imagens e especificações oficiais de seu Playstation 3®: processador IBM Cell® capaz de 218 gigaflops e chips gráficos da nVidia® apelidados de Reality Synthesizer (sintetizador de realidade). Como tendência, apresentou também controles sem fio, suporte a resolução Full-HD (1920x1024 pixels) e a introdução de uma nova mídia, o BD-ROM (baseada nos discos Blue Ray®, capazes de armazenar até 54 gb de dados).

Como prometido, o console tinha suporte a cartões de memória, Bluetooth para conexão sem fio, acesso a internet banda larga e o HD interno para conteúdo baixado online, mas ao contrário do anunciado antes, esse HD interno não podia gravar programas de tevê. A inclusão do Blue Ray®, a saída HDMI para as novas tevês de alta resolução e o HD interno mostravam a intenção confirmada da Sony® em tornar o PS3 um centro de entretenimento na sala de estar. O lançamento, no entanto, somente ocorreu no ano seguinte.

Aproveitando também a E3, a Nintendo® apresentou um protótipo do que seria o Revolution® e não mostrou muita coisa. Satoru Iwata, presidente da Nintendo®, pediu confiança e paciência da imprensa; aliás, a Nintendo® era responsável por inovações como o direcional em cruz, a alavanca analógica, o controle sem fio e até mesmo o controle vibratório. A principal novidade anunciada foi uma forte estratégia online, com conteúdo baixável de todos os consoles da Nintendo®, desde o NES®, a serem jogados no Revolution®, via uma pequena taxa.

A Nintendo® também prometia facilidade aos desenvolvedores, "não é sobre o que você joga, mas como você joga [...] o desenvolvimento de jogos no Revolution® será focado em grandes ideias, não em grandes orçamentos".[11] A falta de anúncio de títulos para o console bem como uma data de lançamento irreal tornaram a fala de Iwata uma decepção.

O medo do mercado era justamente que o Revolution® não conseguisse suporte das desenvolvedoras externas por ser um console inovador, já que para aumentar a rentabilidade, elas costumavam lançar títulos para mais de uma plataforma, e um console como o Revolution® podia atrapalhar essa estratégia. Mesmo assim, a Nintendo®, na voz de seu vice-presidente de marketing, Reggie Fils-Aime, afirmava que o caminho era a inovação e que se basear nas tecnologias dos concorrentes po-

[11] Revolution®: Nintendo® mostra menos ainda, mas promete tudo. *Electronic Gaming Monthly Brasil*, São Paulo, n. 40, p. 16-17, jun. 2005.

dia ser interessante do ponto de vista financeiro, mas não era o que o consumidor queria.[12]

O controle do Revolution®, envolto em mistério desde o começo do seu desenvolvimento, só foi apresentado no final de 2005, e causou furor, pois, além de ser totalmente sem fios, trazia conceitos de interface multimodal ao reconhecer os movimentos feitos com a mão, por meio de acelerômetros internos. Além disso, trazia uma barra de sensores para ser colocada sobre a tevê, indicando ao console o posicionamento espacial do controle. Havia, ainda, um segundo controle acoplado ao principal com um manche analógico, para jogos e controle mais tradicionais.

A aposta da Nintendo® foi justamente na interface multimodal, pois a capacidade gráfica do Revolution® era praticamente a mesma do Game Cube®. Aliás, a estratégia da Nintendo® traria também um direcionamento para o jogador casual e para o jogo social, multiplayer. O próprio nome oficial para o lançamento do console trazia já esse conceito: Nintendo Wii® (lê-se "we", ou "nós" em inglês).

No anúncio oficial do console, Shigeru Myiamoto apareceu vestido de maestro e regeu uma orquestra virtual segurando o controle do Wii®, mostrando sua capacidade de reconhecimento de movimento espacial. Aliás, esse conceito garantiu à Nintendo® a inovação sugerida durante todo o desenvolvimento do Revolution® e parecia se diferenciar perante a Microsoft® e a Sony® nesse quesito, visto que as duas só desenvolveram seus consoles dentro dos mesmos paradigmas de melhoria gráfica.

O desenvolvimento dos vídeo games sugeria ambientes mais imersivos e realistas, mas essa imersão esbarrava na interface, que ainda era baseada em controles da década de 1980. O sucesso de um ambiente imersivo é, para alguns autores como Matthew Lombard e Theresa Ditton (McMAHAN, 2003, p. 72), "a sensação artificial que um usuário tem num ambiente virtual de que o ambiente não é mediado" e para que tenhamos essa sensação a interface deve ser totalmente transparente e intuitiva, baseada no mundo físico. Mas como conseguir essa transparência a ponto de nos esquecermos da própria mediação? A resposta é o que Nicholas Negroponte chamou de Interface Multimodo, que ele sintetiza na seguinte sentença:

> [...] o falar, o apontar e o olhar devem trabalhar juntos, como parte de uma interface multimodo que tem menos a ver com envio e recebimento de mensagens (a base do tempo compartilhado) e mais com o diálogo cara a cara, de ser humano para ser humano. (NEGROPONTE, 1995, p. 89.)

12 Nintendo®: passado, presente e futuro. *Electronic Gaming Monthly Brasil*, São Paulo, n. 39, p. 20-21, maio 2005.

Ele mesmo exemplifica usando uma experiência própria ao ver o que ele chamou de "um dos sistemas mais avançados de controle e comando" (ou seja, interface). Um almirante que berrava ordens para um marinheiro, que então digitava os comandos num terminal de computador. O problema é que para o almirante, o computador era algo muito indireto. Nas suas próprias palavras:

> Ele [o almirante] sabia que o marinheiro estava contemplando a situação pelo buraco da fechadura. [...] Por isso preferia interagir com um grande mapa na parede, [...] no qual espetava naviozinhos. [...] O almirante sentia-se bem, utilizando o mapa, não por se tratar de um recurso antiquado e de altíssima resolução, mas porque o fazia de corpo inteiro. (NEGROPONTE, 1995, p. 88.)

Muitos projetos que trabalham com ambientes imersivos pedem uma interface transparente, e para isso são necessários produtos que utilizam o "corpo inteiro" do fruidor. Usando o próprio corpo para interagir com o jogo numa tela de computador, por exemplo, acabamos por utilizar as possibilidades de movimentos possíveis, incluindo a nossa memória muscular que passa a agir em conjunto com as habilidades visuais cognitivas. Essa redundância de canais de comunicação "diversos e concorrentes" torna a experiência sensorial e imersiva mais natural.

As experiências que temos com vídeo games vislumbram a interface como canal de comunicação via única, o apertar de botões tanto pode ser o disparo de um míssil num jogo de guerra espacial, quanto o travamento de mira num FPS, quanto o pular de uma plataforma numa aventura. Mas usando o conceito de uma interface multimodo, não seria mais intuitivo e imersivo disparar o míssil por meio do botão (como na vida real), travar a mira apontando para o inimigo (como na vida real) e levar nosso avatar de uma plataforma a outra guiando-o com a mão (como você faria com seu cãozinho)? O sistema de controle do Nintendo Wii® responde a essa pergunta.

A Nintendo®, apostando na interface em detrimento do desenvolvimento do processamento gráfico, criou um conjunto de controles onde o jogador age no mundo físico como agiria no mundo virtual. Para acertar a bola de golfe, o jogador não marca a força e dispara o taco por meio de um botão, o jogador simplesmente simula o movimento de jogar golfe em frente à tevê, e os sensores do controle transferem seus movimentos para o vídeo game, que os transforma em ação.

A Sony® correu após o anúncio do Wii® na E3 de 2006 e mostrou um pouco mais de seu Playstation 3®. A empresa preparou, às pressas, um controle com acelerômetros, para isso, tirando a vibração, num claro movimento de desespero. Mas ao contrário da Nintendo®, não apostou no jogador casual e continuou focada no jogador *hardcore*[13] e no centro de entretenimento. Mas o preço alto e os jogos pouco expressivos decepcionaram a todos, retardando seu sucesso.

A característica comum aos três fabricantes para a nova geração era a estratégia forte no conteúdo online. Haveria softwares exclusivos para compra online, jogos menos complexos e, invariavelmente, menores, mais voltados para o jogador casual. Novas fases para alguns jogos, novos mapas para outros, tudo ao alcance da banda larga sem fio. A Nintendo® propôs algo mais e, por meio de tecnologias de emulação, venderia jogos de consoles do passado, aproveitando-se da onda do *retrogaming*.[14] A empresa licenciou e disponibilizou, aos poucos, as bibliotecas de jogos de consoles antigos e tão diversos como Mega Drive® e Master System®, da Sega®, PC Engine®, da NEC®, computadores MSX e toda a biblioteca já existente para NES® e Super NES®, em um serviço chamado Virtual Console®.

13 Jogador que passa horas jogando.

14 *Retrogaming* (às vezes, também chamado de *old-school gaming* e *classic gaming*) corresponde a jogar, discutir e colecionar jogos e consoles antigos.

2

Tecnologia

2.1 As gerações de vídeo games

Agora que já conhecemos um pouco mais sobre o nascimento e desenvolvimento dessa indústria, vamos tentar compreender como a tecnologia por trás dos vídeo games evoluiu e constitui-se em suporte para uma das mais ricas mídias de nosso tempo.

Este capítulo trará um pouco das peculiaridades técnicas das tecnologias envolvidas no design de vídeo games e como isso se tornou ferramenta de criação, transformando o vídeo game e criando sua linguagem gráfica.

As chamadas "gerações" de vídeo games (Figura 2.1) sempre foram uma maneira didática de segregarmos as tecnologias e posicionar cronologicamente os consoles e seus títulos. Desde o nascimento do vídeo game como conhecemos, os recursos gráficos sempre ditaram a fronteira dessas gerações, delimitando e separando consoles e jogos e direcionando, até mesmo, a publicidade dos sistemas. Como uma medida absoluta do potencial de entretenimento, os avanços dos recursos gráficos são aguardados e os consoles, bem como os jogos de gerações "antigas", rejeitados e encarados como datados e ultrapassados.

A sofisticação gráfica decerto é parte da boa experiência do jogar vídeo game, correndo em paralelo com as inovações tecnológicas. Pode-se afirmar com certeza que esse é um dos elementos do vídeo game que mais dependem da tecnologia.

Por isso mesmo, muitas soluções gráficas que são parte da história das linguagens gráficas do vídeo games surgiram por conta de certas limitações e certas características em algumas épocas. No decorrer deste capítulo, tento mapear essas gerações, mostrando a tecnologia por trás das inovações e como isso influencia em sua linguagem e em seu desenho gráfico. Por meio da análise de caso de alguns jogos considerados clássicos, essas características únicas de cada geração e essa influência ficarão claras e didáticas.

Tecnologia

Figura 2.1 – Tabela comparativa das gerações de vídeo games.

[15] Chamo aqui de protográficos os gráficos gerados por vídeo games onde não havia a condição de se "desenhar" em tela, limitando sua capacidade gráfica a apenas gerar e manipular figuras simples como pequenos retângulos e/ou barras horizontais e verticais.

2.2 A primeira geração:
os protográficos[15]

A primeira geração de vídeo games estende-se desde seu surgimento até a introdução do microprocessador, cuja falta limitou-os a gráficos analógicos mínimos e simplistas. Esses vídeo games trabalhavam com o que chamamos de circuitos discretos, e seus gráficos eram obtidos por meio da manipulação direta do sinal de vídeo (MONTFORT; BOGOST, 2009).

O resultado era a falta de precisão na construção dos elementos em tela. Não havia como "desenhar" ou como gerar figuras representativas. A limitação permitia apenas a geração de barras na tela, que deveriam representar qualquer coisa que a temática do jogo exigisse.

A qualidade desses gráficos limitou a capacidade de representação realista, e os gráficos eram um exercício de abstração e interpretação. Os avatares, nessa época, eram puramente baseados em sua funcionalidade, e seu significado era dado por convenção, como símbolos: se o jogo era de pingue-pongue, então a barra que se movia na tela representava uma raquete; se o jogo era futebol, a mesma barra representaria um jogador de futebol.

Rob Fulop, criador de jogos para a Atari® na década de 1970, afirma a Wolf (2003, p. 54) que "certos tipos de materiais eram escolhidos porque eram mais fáceis de representar; por exemplo, jogos no espaço sideral precisavam apenas de um fundo preto (às vezes com estrelas) e algumas naves e tiros de *laser*". Mesmo com essas limitações, o vídeo game trazia novos elementos e propunha um potencial que encontrava paralelos em outras áreas e mídias.

> O vídeo game, aparecendo no momento em que apareceu, levou vantagem no interesse pela arte interativa e na intersecção da arte e da tecnologia eletrônica [...] Por conta das limitações dos primeiros vídeo games, os gráficos eram, em sua maior parte, rígidos e minimalistas, e certamente abstratos como resultado, o que coincidia com certas tendências minimalistas da época. A interatividade era, naturalmente, o que fazia os vídeo games serem interessantes; como certas instalações de vídeoarte, uma pessoa podia afetar a imagem na tela em tempo real e assistir à mudança. (WOLF, 2003, p. 49, tradução do autor.)

Então, talvez essa linguagem "abstrata" não fosse uma novidade tão grande, e a interação com o monitor de vídeo pode ter sido então o catalisadora para o sucesso no nascimento do vídeo game.

Exemplos dessa geração de vídeo games são o Odyssey® original (1971, Figura 2.2), de Ralph Baer, e o primeiro *arcade* de sucesso,

Figura 2.2 – Console Odyssey® original e seus controles.

Pong®, da Atari® (1973). Dois jogos em especial ditaram a estética dessa época: o próprio Pong® (Atari®, 1972) e o Tank® (Atari®, 1974).

O grande mérito do Pong® (Figura 2.2) não foi estabelecer uma linguagem gráfica para o vídeo game. A contribuição do Pong® se deu na sua interface. Os elementos básicos que vemos no Pong® sobrevivem até hoje em qualquer vídeo game, seja console, portátil, *arcade* ou mesmo no telefone celular.

Até esse momento, as poucas experiências com vídeo game eram sempre acompanhadas de manuais de instrução, pois, além de o controle dos elementos em tela ser complicado, havia a necessidade de se "ensinar" ao jogador sobre o que ele via na tela, já que os gráficos eram sintéticos e abstratos (vide Computer Space® e Spacewar!).

O Pong® não trouxe melhoria na questão dos gráficos, já que padecia das mesmas limitações técnicas que as máquinas da época. Quanto aos seus controles, estes foram simplificados ao máximo, reduzindo o número de botões para um, apenas um controle giratório que controlava a raquete.

As instruções para se jogar o vídeo game vinham estampadas no próprio gabinete do *arcade*: "evite perder a bola para alcançar maior pontuação". Somente isso. Outra contribuição do Pong® foi a adição em tela de elementos de interface que eram externos à diegese e falavam de coisas relativas à partida em si, como a pontuação.

Essa simplicidade na sua interface evitou amedrontar as pessoas que fugiram do predecessor Computer Space®. Seus gráficos espartanos, apesar de serem uma abstração de um jogo de pingue-pongue, eram de decodificação rápida, trazendo poucos elementos na tela.

Outro grande trunfo de Pong® foi a dinâmica criada por Al Alcorn (engenheiro da Atari® responsável pelo seu design), A ideia do jogo veio (provavelmente) de uma visita que Nolan Bushnell fez a uma demonstração do Odyssey®, em 1971, onde jogou o vídeo game de Ralph Baer.

Apesar de inovador, o vídeo game de Ralph Baer tinha pouco valor de entretenimento, jogos simples como o Tennis® do Odyssey® eram complicados e exigiam as duas mãos para fazer movimentos que não eram muito intuitivos.[16] O jogador controlava a raquete com um botão giratório e, após a bola tocar sua raquete, ele podia mudar sua trajetória por meio de outro botão, de maneira muito estranha à realidade.

Alcorn teve, então, a brilhante ideia de, em vez de fazer a raquete como um segmento único, dividi-la em oito partes virtuais, que, quando tocadas pela bola, a faziam ricochetear em ângulos diferentes. Para o jogador, toda essa física era in-

16 Há um ótimo vídeo de Al Alcorn e Ralph Baer jogando o protótipo do Odyssey® disponível em: <http://br.youtube.com/watch?v=oqyDmSobC54>.

visível e o resultado era um jogo muito mais intuitivo, pois tinha uma proposição de ação e reação próxima do real, numa física intuitiva palpável e "previsível", na qual o jogador podia traçar estratégias sobre como rebater a bola para que ela alcançasse certas áreas da tela.

Como Al Alcorn mesmo menciona em entrevistas, não havia processador, não havia memória. Nolan Bushnell chegou a pedir a sua mulher que encomendasse 10 minicomputadores Supernova® (sucessor do PDP-8 da DEC®), pedido que não chegou a ser faturado, pois Nolan descobriu como fazer tudo o que ele queria numa tela de vídeo apenas com circuitos *flip--flop*,[17] sem precisar do computador (que aliás nem serviria tanto, dada a baixa velocidade de processamento e incapacidade em gerar sinais para tevê).

O Pong® inicou uma indústria e estabeleceu os elementos básicos que podem ser reconhecidos em qualquer vídeo game, tanto *arcades* quanto domésticos, e a relação entre vídeo game e jogador, caracterizando sua interface. O jogo também estabeleceu os parâmetros para muito de sua linguagem e de sua estrutura e instituiu uma indústria hoje bilionária.

2.3 A segunda geração:
a era do Atari VCS®

A introdução do microprocessador nos vídeo games *arcade* em 1975, com o jogo Gunfight® (da Midway®, 1975) permitiu aos designers[18] pensar mais graficamente os jogos. Os vídeo games passaram a ser computadores com função dedicada e os jogos se tornaram software programado.

Essa mudança rompeu com alguns paradigmas da então infante indústria do vídeo game, na medida em que especializou os profissionais envolvidos no design desses vídeo games. O que antes era desenvolvido por um engenheiro, agora podia ser dividido na criação do hardware (plataforma desenvolvida pelo engenheiro) e do software (programa desenvolvido por outro engenheiro).

A linguagem dominante à essa época ainda era a dos jogos derivados do Pong® – variações de jogos de tênis pela facilidade em redirecionar os circuitos. Um jogo de pingue-pongue (com duas raquetes, uma bola e uma rede) se torna um jogo de squash se uma das raquetes se tornar uma parede, ou basquete (ou futebol, ou *hockey*) se em cada extremidade houver uma linha com uma interrupção servindo de gol.

Com o microprocessador e os jogos em software, cada jogo podia ser pensado a partir do zero e a qualidade gráfica se liber-

---

17 Circuitos *flip-flop* são circuitos digitais com pulso, que podem funcionar como uma memória de um bit, armazenando um "zero" ou "um".

18 O termo designer aqui deve ser entendido como "aquele que cria o design" do vídeo game e, em grande parte das vezes, correspondia a um engenheiro, até o início da década de 1980, quando começou a haver especialização no design de vídeo games.

tou da ditadura da lógica de transístor. Mas a memória ainda era algo caro e as plataformas criadas não conseguiam ainda dar conta da representação gráfica mais realista que todos ansiavam. Os avatares passaram a trazer um pouco mais de detalhamento, mas ainda eram como pequenas figuras recortadas em papelão, sem movimentação ou animação, bastante sintéticas e abstratas.

Havia a limitação na animação dos elementos móveis nos vídeo games, visto que esse recurso consumiria memória. Então, em vez de criar avatares como representação do jogador na tela, era muito mais fácil representá-lo por meio de seu elemento funcional naquele jogo em particular. Em um jogo de tênis, não se colocava o jogador em tela, e sim apenas sua raquete. Em uma batalha de tanques, não havia um soldado, mas um desenho estático sugerindo um tanque. Não o piloto, e sim seu carro. Essa linguagem de avatares baseados na funcionalidade que exerciam foi uma constante nos primeiros anos.

A linguagem do Pong® e do Tank® influenciou também o começo dessa nova geração, fazendo com que consoles como o Atari VCS® fossem construídos especificamente para rodar jogos desse tipo (Figura 2.3). Consultando o manual técnico do Stella® (processador que era o coração do Atari VCS®), em que se descreve a atuação do chip de vídeo, nota-se a inclinação do hardware para fazer jogos desse tipo.

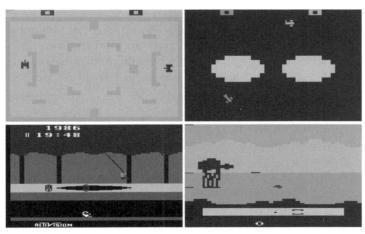

Figura 2.3 – Os primeiros títulos do VCS, como Combat® e Jet Fighter® (da Atari®, 1977), acima, se valiam da estrutura do hardware do console, com todas as suas limitações. Jogos posteriores, como Pitfall!® (da Activision®, 1982) e Empire Strikes Back® (da Parker Brothers®, 1982) marcam um momento em que os designers conseguiram criar subterfúgios e trabalhar em torno das limitações do Television Interface Adaptor.

O TIA [Television Interface Adaptor] é um CI [Circuito Impresso] customizado projetado para criar a imagem na tevê e o som a partir de instruções enviadas a ele pelo microprocessador. Ele converte os dados vindos em 8 bits paralelos do microprocessador em sinais que são enviados aos circuitos de modulação de vídeo que combinam e formatam esses sinais para a recepção regular de tevê. Um "campo de jogo" e cinco objetos móveis podem ser criados e manipulados pelo software.

Um campo de jogo com muros, nuvens, barreiras, e outros objetos que raramente se movam, pode ser criado sobre um fundo colorido. Os cinco objetos móveis podem ser posicionados em qualquer lugar, e consistem de dois jogadores, dois mísseis, e uma bola. [...] Cada tipo de objeto tem suas capacidades definidas. Por exemplo, um jogador pode ser movido com uma instrução, mas o campo de jogo precisa ser totalmente redesenhado para que se "mova". (WRIGHT, 1979, tradução do autor.)

Essas limitações do Atari VCS® criaram uma linguagem que pode ser observada em vários jogos, como o próprio Combat® (versão do Tank®), o Adventure®, o Baseball® e o Indy 500®. Todos esses jogos (Figura 2.3), graças a uma limitação do TIA que fazia com que se desenhasse apenas metade do campo, traziam um campo de jogo que se desenhava apenas metade desse campo, sendo a outra metade um espelho ou uma duplicata da primeira. Esses jogos também possuem poucos objetos em movimento em tela, ausência de animação e fundos totalmente estáticos e com pouco uso de cores.

Com a evolução do design dos jogos do VCS, os programadores conseguiram criar subterfúgios no software para conseguir sofisticar seus jogos (Figura 2.4), conseguindo mais sprites em tela e com certa animação como em Pitfall!® (Figura 2.5).

Não podemos pensar em pixels, pois não havia endereçamento direto dos pontos e a programação dos gráficos no Atari® era muito complicada. O jogador tinha 192 linhas do *scan* da tevê disponíveis para desenho, sendo que cada linha tinha 262 contagens de *clock* de vídeo com apenas 160 disponíveis para desenho. A resolução do Atari VCS® era de apenas 192 linhas por 160 colunas, por assim dizer.

A sua paleta de cores variava de acordo com o sistema da tevê, 128 cores no sistema NTSC, 104 no sistema PAL e apenas 8 no sistema Secam. Essa variação discrepante também se deve à maneira totalmente analógica de manipulação do vídeo no VCS.

Em princípio, os objetos móveis deveriam ter apenas uma cor, mas com o tempo os programadores e designers descobriram uma maneira engenhosa de fazê-los multicoloridos.

Tecnologia

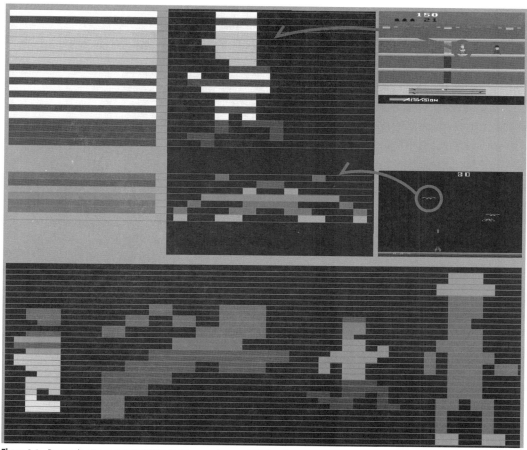

Figura 2.4 – De acordo com as características do TIA, os avatares no VCS deveriam ter apenas uma cor, pois somente havia um registrador para a luminância. O que os designers descobriram com o tempo é que havia maneiras de, a cada *scan*, do vídeo mudar o registrador responsável por esse número, conseguindo mudar a cor do avatar a cada linha de vídeo. O único problema, porém, é que a cor tinha de ser consistente por toda a linha do vídeo. Na parte de cima da figura, o Keystone Kapers® (da Activision®, 1983) e o Demon Attack® (da Imagic®, 1982). Na parte de baixo, avatares de E.T. (da Atari®, 1982), Superman (da Atari®, 1979), Pitfall!® (da Activision®, 1982) e Superman® (da Atari®, 1979).

O TIA[19] não tinha RAM de vídeo e mandava para o vídeo uma linha inteira enquanto gerava a próxima. O truque, então, era mudar a cor do objeto móvel a cada linha de *scan*. Isso pode ser observado nos diversos jogos de Atari®, em que os designers conseguiram ótimos resultados com as mudanças de cor apenas horizontais (Figura 2.5).

Essa outra peculiaridade também deu aos jogos do VCS uma linguagem muito coesa, mesmo com tantos desenvolvedores diferentes fazendo jogos para o sistema. O TIA era muito difícil de se programar, mas o modo como manipulava o vídeo diretamente o tornava, ao mesmo tempo, muito versátil e, de certa maneira, poderoso.

19 O Television Interface Adaptor (TIA) era o mais próximo que o Atari VCS® tinha de um processador gráfico, ou processador de sinais de vídeo.

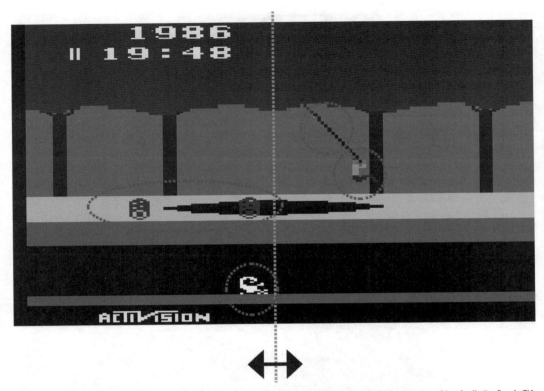

Figura 2.5 – O Pitfall!®, apesar de todos os avanços gráficos conseguidos pela equipe da Activision®, ainda trazia resquícios das limitações do TIA. Os objetos móveis em tela ainda estão limitados a quatro (circulados) e o cenário, apesar de bem elaborado, é de simetria espelhada.

A tecnologia do Atari VCS®, e do TIA em particular, é um ponto de transição entre as tecnologias analógicas de geração de gráficos de seus predecessores e as tecnologias de *bitmapping* das sucessoras. Sua tecnologia era totalmente digital, mas seu sistema de manipulação de vídeo era analógica, tornando o sistema incrivelmente difícil de programar (na palavra dos próprios designers da época). Sua estética particular influenciou os consoles e marcou época, sendo um ponto importante do desenvolvimento das linguagens gráficas encontradas nos vídeo games.

O VCS foi o primeiro console com cartuchos intercambiáveis a ter sucesso e sua arquitetura peculiar criou uma estética única e marcante. Os consoles que o sucederam trouxeram tecnologias advindas da iniciante microinformática e muitas limitações e problemas do VCS (e do TIA) foram resolvidos. Com isso, muito da linguagem estabelecida pelo VCS se perde.

Alguns problemas como o pulsar de avatares (bem nítido em jogos como a versão VCS de Pacman®) se tornaram parte da identidade gráfica do sistema e não há como reproduzir esse efeito em emuladores, já que é um efeito oriundo da manipulação direta do vídeo. Outros elementos, como as faixas e artefatos soltos numa linha à esquerda em jogos de VCS mais modernos, eram um truque de programação que atrasava a geração da linha de *scan* para conseguir mais tempo de processamento para gráficos mais complexos, como em Pitfall!® (Figura 2.5).

Vamos dar uma olhada mais de perto em dois clássicos do Atari® para entendermos melhor como foi construída essa identidade: o Combat® (da Atari®, 1977) e o River Raid® (da Activision®, 1982).

O Combat® foi o cartucho que originalmente acompanhava o Atari VCS®. É baseado no *arcade* Tank® (da Kee Games®, 1974) que fez muito sucesso nos anos anteriores e que estabeleceu o formato do *joystick* por mais de uma década, e no *arcade* Anti Aircraft II® (da Atari®, 1975).

As limitações do hardware do VCS estão estampadas nas telas das variações, incluindo a estrutura rígida sugerida pelo TIA. O campo de jogo limita-se a obstáculos monocromáticos, espelhados numa estrutura simétrica, como o manual do TIA prerroga. Há dois tanques oponentes, um de cada lado, e cada jogador só pode dar um tiro por vez.

A animação presente no jogo limita-se ao giro do tanque (Figura 2.6), deixando claro como a pouca resolução do Atari VCS® comprometia a representação mais figurativa: ângulos diferentes dos retos faziam com que o tanque assumisse uma forma que, apesar de tentar ser fiel ao desenho original, era estranha e talvez demandasse outra solução gráfica.

Os detalhes de cenários eram escassos, usando o mínimo de recursos do sistema, com obstáculos formados por grandes blocos de cor, sem sugestão alguma de desenho, totalmente esquemáticos. Mesmo assim, o jogo era lento e sem nenhuma inteligência artificial, exigindo que fosse sempre jogado por duas pessoas.

Figura 2.6 – Animação de rotação do tanque no Combat®. Os limites da resolução do Atari VCS® e a falta de um histórico de animação digital tornaram esses primeiros exercícios uma "batalha" para os engenheiros da Atari®.

Figura 2.7 – Embalagem do cartucho de Combat®.

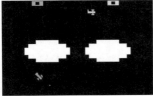

Figura 2.8 – O Tank® e o Jet Fighter®, dois dos jogos do cartucho Combat®.

20   Algumas fontes apontam-na como a primeira mulher designer de jogos para console.

Apesar dos 27 jogos diferentes que clama a embalagem (Figura 2.7), na verdade, o cartucho possui apenas dois grandes temas: o de combate de tanques e o combate aéreo entre dois caças. Todo o resto são variações desses dois, incluindo campos de jogo sem obstáculos ou jogos com os tanques invisíveis.

Graficamente, o jogo é todo esquemático, com poucas tentativas de representação ou maior realismo (Figura 2.8). A paleta cromática também parece escolhida sem caráter de realismo, baseada apenas na boa diferenciação dos elementos em tela. Esse tipo de solução gráfica o torna muito alinhado com jogos em tabuleiro, por exemplo, em que essa abstração cromática é uma constante e necessária para estabelecer bom contraste entre esses elementos.

Há muito aqui da linguagem do próprio Pong®. O modo como o TIA havia sido concebido não favorecia muito o desenho gráfico dos elementos e a linguagem de barras retangulares espalhadas pela tela, estabelecida pelo Pong® (Figura 1.3).

Já River Raid® (da Activision®, 1982) foi desenvolvido em uma época em que o hardware do Atari VCS® já havia sido destrinchado e algumas de suas limitações haviam sido contornadas por soluções criativas de engenharia de software. As grandes estruturas esquemáticas sugeridas pelo TIA® foram todas superadas, assim como a limitação do tamanho dos cartuchos, antes estabelecida em 4 kb.

A primeira coisa a se notar é como a representação mais realista dos elementos do jogo se faz presente, visto também que ao contrário de Combat® e outros jogos da época, River Raid® traz uma narrativa que pede reforço dos elementos do cenário. Sua missão é destruir pontes para minar a infraestrutura de um inimigo de guerra. A ação é incessante e o jogo usa uma evolução do sistema que nasceu no Space Invaders®, o *vertical shooter*, em que todo o cenário, incluindo os inimigos, "descem" a tela em sua direção e devem ser abatidos sem piedade. O jogo fez muito sucesso e foi levado para diversas plataformas, sendo considerado um dos clássicos da história dos vídeo games. O River Raid® foi desenvolvido pela designer de jogos Carol Shaw, na Actvision®.[20] Graficamente, o jogo usa um sistema de perspectiva que se tornaria muito popular para os *vertical shooters* e que pode se dizer baseado numa perspectiva pré-renascentista, na qual o que se encontra próximo à horizontal inferior da tela estaria mais perto do jogador, o que está acima da linha mediana do plano se encontra mais distante, mas sem nenhuma mudança de proporção (Figura 2.9).

Tecnologia

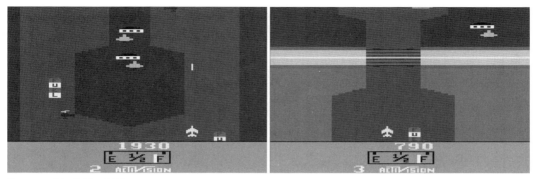

Figura 2.9 – Telas do River Raid®.

Usando recursos e subterfúgios escondidos no TIA, o jogo traz elementos multicoloridos. Note que as mudanças de cor acontecem somente em linhas horizontais, como descrito na Figura 2.4. Esse truque de software era a única maneira de fazê-los ter mais de uma cor e foi marcante em todo desenvolvimento de jogos para Atari VCS® e pode ser observado em quase a totalidade dos jogos desenvolvidos após 1980.

A paleta cromática do jogo é condizente com os objetos em cena, tentando se aproximar ao máximo de uma representação mais realista. As animações são esparsas, mas muito bem elaboradas, incluindo o movimento lateral do avatar e do helicóptero, que, ao contrário de Combat®, não deforma os desenhos.

Temos também o distanciamento da linguagem de jogo de tabuleiro, visto que o espaço-off é usado de maneira que o cenário é um pergaminho gigante que rola tela abaixo. Isso coincide com um momento em que se faz necessário acrescentar elementos em cena para reforçar a temática da narrativa e a função da paleta de cores não é apenas a de diferenciar as peças dos oponentes.

A interface traz detalhes de sofisticação que estavam ficando comuns no mundo dos jogos para computadores pessoais, mas eram raros nos consoles por causa de suas limitações. Itens como o contador de combustível animado ou o próprio logotipo da Actvision® na parte inferior da tela (e também animado) mostram um cuidado com o design da interface, que passa a ser uma constante no desenvolvimento de jogos, e uma clara indicação que havia uma especialização no design de vídeo games que agora poderia incluir profissionais destinados a arte dos jogos.

Um detalhe interessante a ser observado é a diferença entre as embalagens dos dois cartuchos. O Combat® (Figura 2.7) traz desenhos mais "realistas" que, com certeza, não condiziam muito com o que os jogadores esperavam no próprio

Figura 2.10 – Embalagem do jogo River Raid®.

21 Pequeno elemento gráfico bidimensional, que pode ser tratado como uma figura de recorte que não faz parte do fundo de tela, como uma figura de animação desenhada em acetato sobre um fundo.

jogo, enquanto o River Raid® (Figura 2.10) traz um desenho mais sintético e com um esquema de cor parecido com o do próprio jogo. Podemos até mesmo concluir que, na época do River Raid®, o jogador estava mais acostumado a linguagem mais esquemática, sintética e abstrata dos jogos do VCS, focando seu interesse na jogabilidade e na interação. Na época do Combat®, ainda havia que se seduzir o jogador com imagens próximas às encontradas em outras mídias, como cartazes de cinema e desenhos animados.

2.4 A terceira geração:
o advento das tecnologias de *bitmapping*

A transformação do microprocessador em *commodity* tornou os computadores pessoais acessíveis a partir de 1977, com equipamentos como o Apple II® ou o TRS-80. Esse desenvolvimento trouxe benefícios também para a indústria do vídeo game.

Beneficiando-se do *crash* do software (ver página 31) em 1983, os computadores se tornariam alternativas interessantes frente ao vídeo game, cuja indústria passava por dificuldades. Sua mutifuncionalidade, a intenção de usá-lo como introdução à microinformática e o aparecimento de microcomputadores baratos como o Sinclair ZX81® e o Commodore 64® pareciam colocar uma pedra de lápide sobre a indústria de consoles. O futuro parecia estar no software.

A arquitetura de hardware desses computadores, todos baseados em processadores de 8 bits, tornou-se popular e beneficiou a indústria dos consoles. A Coleco®, a Sega® e a Nintendo® foram as primeiras a usar dessas arquiteturas estabelecidas com seus consoles Colecovision®, SG-1000 e Famicom®, respectivamente.

As três máquinas são baseadas em processadores comuns no mercado, o Zilog Z80® e o MOS6502, possuiam chips específicos para processamento gráfico de vídeo e memória própria para controlar somente o que acontecia na tela. O resultado desse desenvolvimento foi a consolidação do que já vinha acontecendo no mundo dos computadores pessoais: o estabelecimento das tecnologias de *bitmapping*.

Essas tecnologias permitiam endereçar cada pixel na tela (daí o nome *bitmapping*), tratando-o como único, como numa malha quadriculada, podendo esse pixel assumir especificação de cor e luminância independentes. Essas tecnologias permitiram também maior número de *sprites* simultâneos em tela, *sprites*[21] multicoloridos e outras características de controle antes só possíveis via software.

A paleta de cores desses sistemas também aumentou junto com sua memória para gráficos. O Famicom®, por exemplo, permitia simultaneamente 16 cores, de 52 possíveis. A resolução aumentou pouca coisa, mas foi o suficiente para começarmos a ter representações mais fiéis à realidade. No SG-1000 (que depois se tornaria o Master System®), a resolução era de 256 por 192 pixels. Jogos graficamente mais sofisticados estavam garantidos.

O surgimento desses sistemas de 8 bits coincidiu com a profissionalização do mercado de desenvolvimento de jogos, as produtoras agora montavam equipes para o design de seus jogos. Com isso, designers gráficos passaram a tomar conta da direção de arte dos jogos e a cuidar da aparência e do desenho das interfaces.

A primeira tendência a se notar com o *bitmapping* foi uma obsessão pela simulação de volumes. Houve um aumento considerável no número de cores disponíveis em cada sistema e os elementos em tela deixaram de ser "chapados" – passaram a ter esses volumes descritos por mudanças tonais (como um *chiaroscuro* digital, Figuras 2.11, 2.12, 2.13 e 2.14).

Também vale a pena mencionar que, apesar de termos agora chips gráficos e uma certa memória de vídeo para trabalhar, esses recursos ainda tinham suas limitações. O uso de elementos modulares que se repetiam tornou-se um recurso de economia de memória muito usado e, assim, como o *chiaroscuro* digital, marcou a estética dos gráficos em 8 bits (Figura 2.12).

Essa modularidade dos elementos gráficos também veio acompanhada de uma melhoria geral nas ferramentas de desenvolvimento dos designers de vídeo games. Agora eles tinham sistemas dedicados para desenvolvimento, que favoreciam o aproveitamento de certos elementos durante todo o desenvolvimento do vídeo game bem como a reciclagem de código, fazendo com que as desenvolvedoras acabassem, por fim, a ter certos elementos característicos em todos os seus vídeo games. Havia, então, metodologia para a criação e produção de um jogo.

Dois exemplos clássicos dessa estética são o emblemático Super Mario Bros® (da Nintendo®, 1985, Figura 2.15) e o 1943 (da Capcom®, 1987, Figura 2.16), sucesso dos *arcades* que depois foram portados para várias plataformas de 8 bits.

Super Mario Bros® foi um marco na história do Famicom®, pois, além de ser o primeiro jogo a obter sucesso massivo, também foi escolhido para o lançamento americano do console que se chamaria NES®. Baseado no jogo de *arcade* de mesmo nome, Super Mario Bros® traz nosso herói em sua primeira aventura do gênero plataforma com rolagem lateral, consolidando o gênero inaugurado por Donkey Kong®.

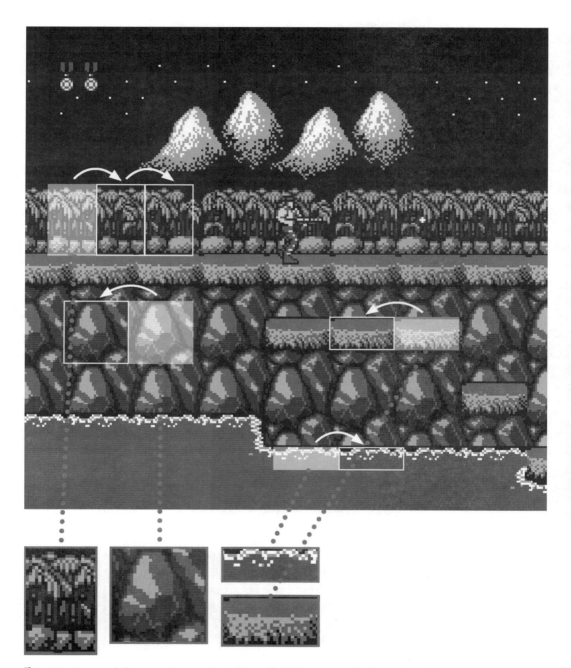

Figura 2.11 – Jogos com belíssimos cenários como Contra® (Konami®, 1988) eram construídos de maneira modular, como se pode constatar ao isolarmos quadros básicos que praticamente redesenham toda a cena. Ferramentas mais modernas de desenvolvimento auxiliavam esse reaproveitamento de gráficos e código, otimizando a programação e o uso da memória. Todos os jogos da geração 8 bits usam desse recurso, o que acabou por criar uma identidade visual para eles.

Tecnologia

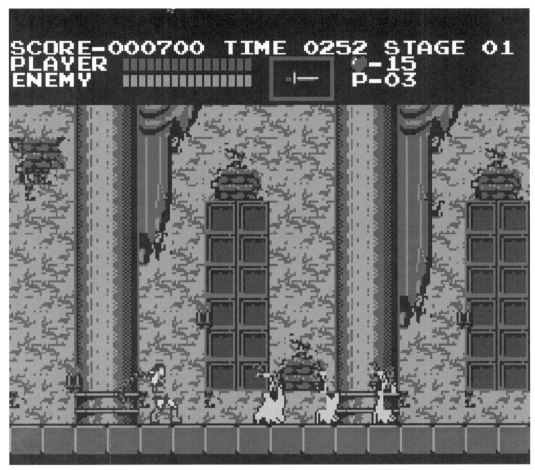

Figura 2.12 – *Chiaroscuro* digital: as tecnologias de *bitmapping* e o aumento de resolução possibilitaram aos designers trabalhar a intensidade de cor para criar efeitos de volume, dando mais profundidade aos jogos, como pode ser facilmente observado nas colunas do cenário de Castlevania® (da Konami®, 1987), acima. Fica claro em jogos como este que o acesso direto aos pixels possibilitou o refinamento estético por meio do qual os designers podiam finalmente "desenhar" na tela.

A linguagem para esse gênero se estabeleceu um pouco antes e com o aumento de memória (e processamento gráfico) evoluiu da ação de plataforma confinada a uma tela por fase para uma busca em plataforma com rolagem lateral, transformando o cenário em um "pergaminho" digital, que deslizava para a esquerda, conforme a personagem avançava para a direita.

Isso permitiu a construção de um cenário muito maior e mais denso, dando a ideia de um "mundo" fantástico. Além dessa evolução na linguagem gráfica, o Super Mario Bros® trouxe outros itens que seriam constantes nos jogos tipo plataforma:

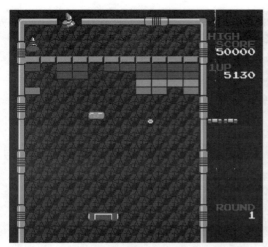

Figura 2.13 – O *chiaroscuro* digital, por vezes, era usado de maneira bem simplista, como nos tubos que formam o cenário de Arkanoid® (da Taito®, 1987). A textura de fundo também merece atenção pois é um trabalho de padronização que cria um efeito de profundidade muito bom e sem grandes recursos, usando apenas uma cor. Há também delicados efeitos de volumetria como nos inimigos cônicos que chegam pelo alto da tela, cujo efeito de metalizado tridimensional é impressionante, dado que é obtido com o uso de quatro cores.

Figura 2.14 – A obsessão por volumes criava belos efeitos como esse ladrilho no terreno do jogo Star Force® (da Tecmo®, 1987). O "rendado" usado no solo também é interessante, pois sua texturização fina, executada com duas cores, proporciona aos olhos humanos a percepção de uma terceira cor, via ilusão de óptica.

power-ups (elementos que o jogador coletava e que lhe davam superpoderes) e o confronto com o inimigo final de cada fase (comumente chamado de *boss*) que marcava a evolução do jogo e a mudança de cenário.

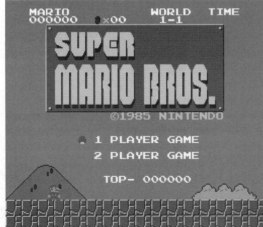
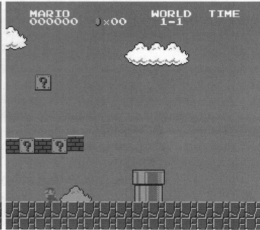

Figura 2.15 – Super Mario Bros®.

Tecnologia

Figura 2.16 – O jogo 1943, da Capcom®.

A paleta do Famicom®, ainda limitada pela pouca quantidade de cores (52, com apenas 16 disponíveis simultaneamente), dava um ar cartunesco ao jogo, pois não se podiam usar nuances para criar variações no cenário, o céu era composto por um único azul, as árvores tinham copas verdes puras.

Além disso, a paleta do NES tinha cores que eram vibrantes e artificiais, mas muito adequadas para a narrativa que se passava em um mundo fantástico chamado Mushroom Kingdom.

> Super Mario Bros® tinha vários elementos que chamaram a atenção. Ele tinha gráficos brilhantes, ação rápida, e senso de humor. Ele também levou o conceito de Warren Robinett de *easter eggs* escondidos a um novo nível com mundos inteiros escondidos. Muitas pessoas continuaram jogando Super Mario Bros® para encontrar todos os *easter eggs* de Myiamoto mesmo após terminado o jogo. Se os jogadores soubessem onde procurar, eles poderiam encontrar vidas extras e moedas escondidas no ar, para não mencionar pés de feijão que levavam Mario até nuvens, cogumelos que o tornavam grande, flores que o habilitavam a cuspir bolas de fogo, e estrelas que o faziam invulnerável. (KENT, 2001, p. 300, tradução do autor.)

As características de linguagem, apontadas no tópico anterior, podem ser notadas aqui facilmente, os elementos do cenário são módulos que se repetem e se alternam, construindo todo o espaço onde se passa a ação. O *chiaroscuro* digital pode ser observado no jogo, principalmente nos tubos que aparecem vez ou outra no chão, porém, nesse caso o efeito de volume não tentava simular a realidade, mas sim emular a linguagem de *cartoon* ou desenho animado.

Algumas questões técnicas reaparecem aqui, como o pequeno tamanho possível dos *sprites* no NES, que permitiam apenas um diminuto avatar representando Mario. Por conta disto, e da identidade já criada com Donkey Kong® e Mario Bros®, Shigeru Myiamoto fazia uso dos mesmos subterfúgios que usou nos anteriores: um boné para eliminar a animação de cabelos, o macacão para justificar uma roupa inteira com apenas uma cor e o bigode para delimitar melhor os elementos do rosto e criar um nariz identificável. Esses três elementos criados por dificuldade técnica se tornariam a marca registrada da personagem.

Outros pontos que também marcaram esse jogo foram algumas características lapidadas por Shigeru Myiamoto e que se tornariam uma marca registrada que ele impõe a seus projetos. Uma é a jogabilidade baseada não na velocidade, mas em pulos precisos. Outra seria a inclusão de mundos inteiros escondidos, paralelos ao universo principal, que podem ser alcançados via entradas escondidas sob o cenário.

O Super Mario Bros® usava de elementos gráficos comuns aos desenhos animados e aos *arcades* de sua época, mas sua grande inovação foi exatamente na jogabilidade, com a qual Myiamoto pôde criar um intrincado conjunto de relações e de estratégia, tirando o vídeo game de ação do terreno da linearidade.

O *shooter* vertical de ação incessante, 1943 (Capcom®, 1987, Figura 2.16) é uma sequência direta a 1942 (Capcom®, 1984) jogo que inovou ao mudar o espaço cênico da ação: em vez do espaço sideral numa missão futurística, o jogador é transportado para o cenário da Segunda Grande Guerra. Em 1943, o jogador é levado a uma batalha no Pacífico, na famosa Batalha de Midway (que na verdade aconteceu em 1942), com o intuito de chegar até Tóquio derrubando toda a força aérea japonesa.

Graficamente o jogo bebe em todas as fontes de clichês gráficos das gerações 8 bits *bitmapping*, tem gráficos modulares, paleta reduzida resultando em uma linguagem cartunesca e *sprites* pequenos e com poucos detalhes.

A visão aérea (como planta baixa) facilita a confecção dos gráficos, pois elimina a perspectiva, tornando o que era limitação em uma linguagem. Os efeitos de luz e sombra e a simulação de volume por meio de diferenças tonais também aparecem como marca registrada dessa geração.

A paleta do hardware usado no 1943 não é muito adequada para o tema, se pensarmos na temática militar, com sua paleta cromática peculiar, mas a equipe de design da Capcom® abusa de um subterfúgio que se tornaria muito comum para aumentar virtualmente a paleta gráfica: usa efeitos como *dithering* (ver Figura 2.17) para criar tons inexistentes no hardware, por meio de ilusão de ótica.

Figura 2.17 – Como o *dithering* funciona: as duas cores existentes no hardware (à esquerda) são justapostas pixel a pixel, formando uma malha que é percebida como uma terceira cor (à direita).

Essa malha de *dithering*, criada no oceano para criar profundidades e ondas, na fuselagem de aviões maiores e outros lugares, cria a ilusão de que existem mais cores no sistema. Esse recurso só é possível quando há o controle sobre cada pixel em tela como no *bitmapping*.

A animação gráfica também sofre com a limitação dos movimentos rígidos para os aviões inimigos, mas isso é compensado pela ótima resposta aos comandos e pela ação perfeitamente balanceada.

Uma inovação em relação ao antecessor, 1942, foi a troca do sistema de "vidas" para um sistema de barra de energia (pouco comum na época). Nesse sistema, em vez de o jogador ter três vidas e, no caso de ser atingido, recomeçar o jogo no início da fase, ele teria uma barra de energia que ia se esvaindo conforme era atingido pelo fogo inimigo, sem parar o jogo para um novo recomeço. Isso mantinha a adrenalina alta e a ação ininterrupta, tornando-se um elemento chave em jogos frenéticos que eram prejudicados por muitas pausas. O jogo também usa do recurso dos *power-ups*, introduzidos pelo Pacman® em 1981. Ao coletar certos itens que passam pela tela o jogador pode trocar o tipo de arma que está usando, sendo cada uma adequada a um tipo de inimigo, aumentando a rede de escolhas estratégicas.

A grande contribuição da série, a qual 1943 pertence, para a linguagem gráfica dos vídeo games é justamente a exploração de um tema inusitado e quase inédito para época, que seria posteriormente muito explorado por jogos que vieram depois como Ikari Warriors® (da SNK®, 1986) e Metal Gear® (da Konami®, 1987). A capacidade gráfica dos vídeo games já estava permitindo exploração de novas linguagens criando novas possibilidades de expressão.

As tecnologias de *bitmapping* permitiram finalmente trabalhar os apectos gráficos do vídeo game de maneira um pouco mais livre. A limitação agora estava somente na quantidade de memória e processamento. A especialização dos profissionais também trouxe benefícios, pois agora tínhamos designers e artistas gráficos – não mais engenheiros e técnicos – trabalhando a parte visual dos jogos. Essa especialização e a possibilidade de profissionais envolvidos mais artisticamente com os projetos possibilitou o surgimento de novas linguagens e novas temáticas, expandindo o leque de opções na criação de vídeo games.

2.5 A quarta geração:
os 16 bits

Nas décadas de 1970, 1980 e partir da década de 1990, as inovações em hardware, interfaces e linguagens gráficas vinham sempre do mundo dos *arcades*, com algumas exceções que apareceram com o advento do computador pessoal. A introdução dos microprocessadores de 16 bits, como esperado, também aconteceu primeiro nos *arcades*, em que começou-se a explorar sua capacidade tanto na jogabilidade quanto em seu poderio gráfico e sonoro.

A introdução da nova geração de microprocessadores aconteceu em 1984 e os dois primeiros jogos a usar a tecnologia, de que se tem notícia, são o Paperboy® e o Marble Madness®, ambos da Atari® (Figura 2.18).

Esses jogos não traziam nenhuma evolução mais palpável, abusando da linguagem adquirida pelos vídeo games de 8 bits. Nota-se apenas uma paleta de cores maior e a resolução em tela (512 x 384 pixels no Paperboy®, por exemplo) já que o aumento da memória disponível para o vídeo proporcionou ao microprocessador endereçar também mais pixels, com a evolução da já conhecida tecnologia do *bitmapping*.

Tecnologia

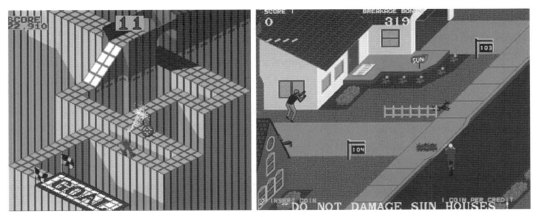

Figura 2.18 – O Marble Madness® e o Paperboy® foram os primeiros *arcades* a usar a tecnologia de 16 bits.

Outro ponto que foi explorado pela nova geração de 16 bits foi o aumento da profundidade narrativa, também graças ao aumento de memória, que podia ser associada ao hardware dessas máquinas. Isso se traduziu em melhorias em todas as frentes.

A melhoria gráfica possibilitou melhores cenários e os designers podiam se dar ao luxo de enriquecer os contextos adicionando elementos relativos aos temas, mesmo que esses não tivessem função (observe a tela do jogo Paperboy® na Figura 2.18). Junte-se a isso a melhoria da qualidade de animação, tanto dos avatares quanto de elementos de cenário.

Os *sprites*, que na geração de 8 bits ganharam número, mas continuaram diminutos, aumentaram de tamanho e chegaram a preencher todo o vídeo, como em Final Fight® (Capcom®, 1989) por exemplo, por conta das velocidades rápidas de processamento alcançadas pelas novas plataformas.

Quando os processadores de 16 bits finalmente chegaram aos consoles domésticos, um dos pontos destacados pela Sega® (a primeira a lançar um console de 16 bits, o Mega Drive®/Genesis®), em sua batalha contra a Nintendo® (que ainda insistiu por mais dois anos na geração de 8 bits), era justamente o tamanho das personagens de jogos nas duas plataformas. Enquanto no Mega Drive®/Genesis® os avatares de Altered Beast® ocupavam mais do que metade da altura na tela, os avatares em Mario eram quase invisíveis.

Os vídeo games eram como um desenho animado interativo. Vale comentar que as técnicas usadas eram obtidas por meio da exposição sequencial e rápida de *sprites* com pequenas variações (como num desenho animado tradicional). O que melhorou foi a fluência dessa animação, com uma quantidade maior desses *sprites*. Assim, as transições se tornaram mais suaves.

Apesar da melhora na capacidade gráfica, isso não se traduziu em uma mudança de linguagens e estruturas, sendo mais uma evolução das tecnologias desenvolvidas na geração de 8 bits do que inovações que apontassem em outras direções. Algumas exceções são, por exemplo, Mortal Kombat® (Figura 2.19) que foi um dos primeiros a usar de forma extensiva imagens digitalizadas de lutadores em vez de ilustrações, mas sua jogabilidade e temática continuava atrelada a um legado de jogos de competição marcial como Final Fight® e Double Dragon®.

Figura 2.19 – O Mortal Kombat®.

As mudanças foram muito mais estéticas do que funcionais. Os jogos também aumentaram de tamanho, sofisticaram seu poder de narrativa e foram capazes de criar novos mundos, mas tudo dentro da mesma caixa conceitual que a geração anterior. Com o aumento de velocidade de processamento e memória se pode explorar melhor e chegar à excelência da tecnologia de *bitmapping*, mas não criar novas tecnologias de geração de imagens. Por isso mesmo, é importante destacar duas inovações na geração de 16 bits que proporcionaram inovações de conceito: a primeira é a invenção do que se convencionou chamar de "gráficos em 2,5 dimensões". Esses gráficos, utilizados notadamente nos jogos para Super NES® (o console 16 bits da Nintendo®), se tornaram possíveis pelo uso de chips dedicados a efeitos especiais em vídeo digital embutidos em suas duas unidades de processamento gráfico. O que a Nintendo® chamava de "Mode 7 Graphics" permitia ao programador fazer diretamente via hardware coisas como rotação e escalonamento de figuras e *sprites* em tela.

Tecnologia

Figura 2.20 – O F-Zero®. *Sprites* repetidos com distorção e escalonamento, simulando perspectiva: qualidade visual característica dos jogos do Super NES®.

Jogos como o F-Zero® (da Nintendo®, 1990) e outros que se seguiram, abusaram dessa tecnologia ao criar cenários inteiros que ao escalonarem com a animação, emulavam o efeito de gráficos tridimensionais, daí dizer que eram gráficos em 2,5 dimensões já que não eram realmente tridimensionais, realizados por meio de cálculos vetoriais, e sim apenas efeito ótico, obtido com uma animação por técnicas tradicionais.

F-Zero® (Figura 2.20) é um vídeo game de corrida espacial com muita velocidade e gráficos eletrizantes e multicoloridos. A jogabilidade adulta é apresentada em um resultado visual gráfico infantilizado.

Esse jogo tem todas as características básicas da linguagem gráfica da geração 16 bits. Com o aumento no tamanho da paleta gráfica e a possibilidade de se esbaldar em cores, a equipe de designers não se conteve: despejou-as, sem piedade, transformando o jogo de ação em uma peça gráfica de qualidade estética *kitsch*.

O Super NES® tinha o melhor conjunto de chips dedicados ao vídeo dentre os vídeo games de sua geração, possibilitando uma paleta de 32.786 cores, sendo 256 simultâneas no vídeo. Essa profusão de cores, nunca alcançada num vídeo game, acabou por gerar exageros. Excessos como gradientes por todos os lados se tornaram uma constante, pois agora era possível gerar degradês suaves em qualquer tom. Os designers se excediam com tantas possibilidades. Comparado-o a outros jogos de mesma temática, como Super Monaco GP®, do Sega Mega Drive®, F-Zero® parece um jogo infantil, mesmo trazendo ação incessante e tão rápida quanto os outros.

Os truques de efeito visual presentes no Mode 7 Graphics estão todos no jogo, a pista toda é uma grande imagem que, ao se escalonar, cria o efeito de velocidade e perspectiva, no chamado gráfico de 2,5 dimensões, mas a animação é suave e precisa e a sensação de velocidade é perfeitamente alcançada.

A segunda inovação foi a introdução do CD-ROM, primeiro no console PC-Engine® (um híbrido de console de 8 bits com gráficos de 16 bits) e depois no Mega Drive®/Genesis®. Essa inovação trouxe mais benefícios à narrativa e aos elementos extra-diegese do que às próprias tecnologias relativas à jogabilidade.

A adição de uma mídia massiva como o CD-ROM a essas máquinas permitiu, pela primeira vez, que se tivesse som digital direto do CD e grandes animações de abertura e entre fases (as conhecidas *cut-scenes*), garantindo um envolvimento maior do jogador por conta do aumento na capacidade de profundidade narrativa, ambientação sonora e histórias mais extensas e complexas.

Essa geração também viu a primeira vez em que o poderio de processamento (tanto gráfico quanto sonoro) dos consoles chegou próximo aos dos *arcades*. Jogos como o Ghouls and Ghosts® (Capcom®, 1988), o Golden Axe® (Sega®, 1989) e até mesmo o aclamado Street Fighter® (Capcom®, 1991), ganharam versões para consoles domésticos que nada deviam aos originais de *arcade* (Figura 2.21).

O final da geração 16 bits, já nos anos 1990 como um prenúncio para a próxima geração, viu também o surgimento de um novo gênero, o de tiro em primeira pessoa, proporcionado por uma nova tecnologia, finalmente disponível para uso doméstico: gráficos em três dimensões. Esses gráficos nasceram na geração 16 bits e, apesar de incipientes nessa fase, ditaram a linguagem para a geração seguinte.

Figura 2.21 – O abismo que havia entre a qualidade gráfica dos *arcades* e dos consoles domésticos chegou num mínimo na geração de 16 bits. Acima, à esquerda, versões *arcades* de Ghouls and Ghosts® (Capcom®, 1988) e Street Fighter® (Capcom®, 1991). À direita, suas versões para o Super Nes®.

Outro jogo muito característico da geração 16 bits é o Sonic The Hedgehog® (Sega®, 1991, Figura 2.22). Mostrar o máximo número de cores simultâneas em tela parecia ser também uma prerrogativa desse jogo, no qual a Sega® tentava criar uma personagem ícone tal como Mario era para a Nintendo®. O jogo tinha propositadamente um visual cartunesco, mas mais juvenil, ao contrário de Mario, que era infantil e trazia um mundo fantástico assim como Super Mario Bros®, mas, ao contrário deste, que prezava o jogo mais cadenciado e os pulos precisos nas plataformas, o Sonic® era só velocidade.

Aqui, os velhos degradês que simulavam volumes foram substituídos por gráficos cuja construção usa uma linguagem pseudotridimensional (observe a copa das árvores, por exemplo), evocando uma linguagem mais tecnológica e madura, em mais um ataque às linguagens adotadas pela Nintendo® em seus jogos.

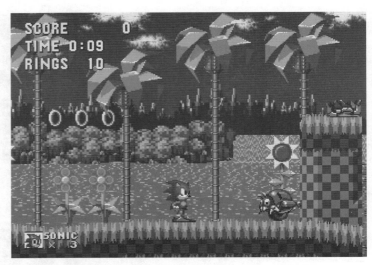

Figura 2.22 – Sonic The Hedgehog®.

A velocidade do jogo com precisa jogabilidade era também uma resposta à Nintendo®, que tinha um vídeo game com muito mais capacidade gráfica, mas que não chegava aos pés do Mega Drive® no quesito velocidade de processamento.

A resolução gráfica alcançada por essa geração de 16 bits permitia também a construção de avatares com muito mais personalidade. O Sonic® é um porco-espinho que expressa toda a transgressão e rebeldia da Sega® em seu auge, nos anos 1990. Seu olhar compenetrado (quase que irritado), sua postura de peito estufado, e seu cabelo espetado como um *punk* londrino eram a perfeita antítese do bonachão Mario e sua bondade ingênua. Toda essa personalidade de Sonic® é expressa em sua linguagem visual, graças à capacidade gráfica dessa geração.

A exploração das linguagens gráficas que começou na geração 8 bits, alcança um novo nível em que o desenvolvimento explora a atitude dos avatares, buscando profundidade na personalidade, buscando identificação e empatia frente aos jogadores.

2.6 A quinta geração:
os polígonos e a virada dos 32 bits

O surgimento dos vídeo games com tecnologia de 32 bits, possibilitou a exploração de novas linguagens não somente por conta de seu poder de processamento maior, mas porque vinham sempre acompanhados de coprocessadores especializados em cálculos vetoriais, muito úteis em simulação de 3D.

Jogos como o Virtua Fighter® (Sega®, 1993) e Virtua Racing® (Sega®, 1992) mostraram uma tendência inegável e o público foi automaticamente sequestrado por esse visual matematicamente construído, e mesmo que fosse de baixa resolução, parecia preferível à linguagem gráfica típica das gerações anteriores. Isso guiou as tecnologias dos consoles para arquiteturas otimizadas a gráficos tridimensionais. Os poucos fabricantes que não enxergaram essa via, como a NEC® com seu PC FX ou o 3DO, fracassaram.

A primeira grande mudança de paradigma ocorreu justamente na maneira como os gráficos são construídos. Até a geração 16 bits, todos os elementos dos jogos eram baseados em tecnologias tradicionais de animação (os avatares, cenários, inimigos etc.), como *sprites* levemente alterados que, uma vez expostos sequencialmente, davam a sensação de movimento.

Essa tecnologia não permitia, por exemplo, mudanças de ângulo de visão. Como num desenho animado, o cenário de fundo era um diorama, e as personagens eram compostas por alguns cartões recortados que eram exibidos conforme o jogador apertasse algum botão.

Os consoles de 32 bits trouxeram a tridimensionalidade e isso possibilitou uma liberdade nunca antes conseguida. Os ambientes, as personagens, enfim, tudo, era construído matematicamente e como num filme, câmeras imaginárias podiam sobrevoar ou mostrar esses ambientes de qualquer ângulo que se quisesse.

Os caracteres dos jogos também passaram a ser figuras baseadas em cálculos e isso trouxe uma fluidez de movimentos que encantou o público e abriu novas possibilidades. Num gráfico tradicional, a animação da personagem era limitada ao número de *sprites* confeccionados para fazer essa animação. Para se mover, por exemplo, Mario usava cerca de quatro *sprites*, simulando o movimento de suas pernas. Num gráfico 3D essa limitação não existe, e Mario podia andar suavemente, visto que o computador calculava a posição de sua perna 60 vezes por segundo. Mas essa fluidez tinha um preço: a qualidade gráfica das personagens. Elas pareciam facetadas e cheias de chanfros. Isso se dava por conta do modo como 3D é construído. Para isso, precisamos explicar um pouco melhor como funcionam os polígonos.

Os gráficos 3D de então são feitos a partir de pequenos triângulos que funcionam como os átomos de qualquer gráfico tridimensional. Quanto mais triângulos o jogador colocar no gráfico, menores eles são, portanto mais invisíveis, tornando a superfície suave, porém, exigindo muito mais poder de processamento, pois o computador precisa fazer os cálculos de iluminação para cada triângulo.

No início dos jogos em 32 bits, os designers, para deixar as animações e ações mais fluidas, "economizavam" nos polígonos aumentando a linguagem facetada, que se tornou característica dos jogos tridimensionais da década de 1990.

Com o tempo, a linguagem tridimensional foi absorvida e se tornou dominante, os desenvolvedores criavam jogos de todos os gêneros em 3D. Alguns gêneros, inclusive, foram criados a partir dessas tecnologias, sendo possíveis apenas nesse formato.

O Sega Saturn® e logo depois o Sony Playstation® foram os grandes vetores dessas tecnologias, os responsáveis pelos primeiros títulos tridimensionais de sucesso para consoles caseiros. Essa tecnologia, aliada ao CD-ROM, possibilitava uma sofisticação que antes só era encontrada nos *arcades*.

O Virtua Fighter® (da Sega®, 1993) talvez seja a primeira grande experiência em ambiente tridimensional a ter alcance e sucesso de público juntamente com o Virtua Racing® (Sega®, 1992). Eles determinaram uma linguagem e ofereceram ao grande público uma física e dinâmica só possível num ambiente matematicamente descrito.

As personagens do Virtua Fighter® eram graficamente pobres, feitas com pouquíssimos polígonos e mesmo assim eram carismáticas, pois a movimentação de cada uma tinha uma identidade única. Muito mais forte que a sofisticação gráfica, a física realista do jogo tornava a ação uma experiência, até então, inédita.

Yu Suzuki foi um dos primeiros a explorar a tecnologia de polígonos, em 1992 com o Virtua Racing®, e o sucesso do jogo mostrou uma tendência que seria usada por ele a partir de então. Nessa época, filmes como *Jurassic Park* e aberturas de programas de tevê usavam muito as tecnologias de animação 3D e o público já estava acostumado. A exploração dessa linguagem pela indústria do vídeo game parecia natural.

Ao contrário dos ricamente ornados, personagens de jogos como Street Fighter 2®, os caracteres de Virtua Fighter® eram espartanos ao máximo, dada a limitação do uso de menos de 1.200 polígonos por caractere. Além do mais, a paleta de cores era saturada e artificial, e não havia texturas, facilitando o cálculo de luz e sombra.

Ao escolher um gênero de vídeo game que fazia muito sucesso na época, o de luta, trazendo uma audiência que estava acostumada à animação baseada em *sprites*, Suzuki fez uma aposta de que a fluidez dos movimentos e a sensação de imersão no ambiente 3D fossem suficientes para conquistar esse

Tecnologia

público. Mesmo com todas as limitações gráficas, o jogo foi um sucesso e provou para o mercado a forte tendência em direção à tridimensionalidade.

Exatamente um ano depois, o jogo foi lançado para o console Sega Saturn®, tornando o 32 bits da Sega® um sucesso, e vendendo quase que na proporção de um para um, com o console. Alguns meses depois, no lançamento do Playstation®, a Sony® também percebendo a tendência preparou um porte de jogo tridimensional para o lançamento de seu console, o Ridge Racer® (Namco®, 1994), sacramentando de vez o 3D como a nova tendência. Podemos notar a influência de Virtua Fighter® em jogos como os da série Tekken® (Namco®, 1994) ou até mesmo na série Soul Calibur® (Namco®, 1998).

A nova tecnologia criou uma linguagem gráfica tão marcante que o 3D facetado se tornou uma estética expressiva e sinônimo de algo carregado de tecnologia e modernidade (Figura 2.23).

Figura 2.23 – A baixa quantidade de polígonos foi, inicialmente, explorada como linguagem, algo próprio dos jogos de 32 bits. Na figura, a arte para a embalagem da versão Saturn® do Virtua Fighter® mostra tudo em alta resolução, menos as personagens, renderizadas à moda do jogo, afirmando a estética "facetada" como linguagem.

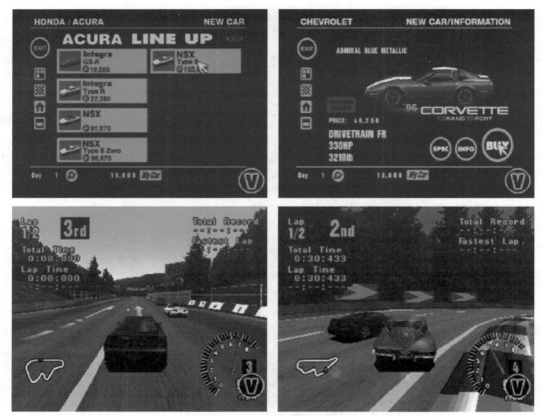

Figura 2.24 – Telas do Gran Turismo®.

O Gran Turismo® (da Polyphony Digital®, 1997 (Figura 2.24) é uma série de simulação automobilística tida pelos críticos como a mais completa; começou no final de 1997 quando a desenvolvedora Polyphony Digital® resolveu fazer o vídeo game de corrida definitivo. Para isso, foram licenciados 178 modelos de carros de diversos fabricantes, tornando o jogo verossímil, colocando as características de cada modelo na sua física precisa e mostrando as diferenças de pilotagem dos mais diversos estilos de automóveis.

Apesar do modo *arcade*, onde o jogador podia escolher qualquer carro e correr em qualquer uma das 11 pistas livremente, o modo *simulation* era o que diferenciava o vídeo game, uma vez que o jogador, como piloto, tinha de tirar licenças de pilotagem para poder competir nas corridas, e ganhar dinheiro para equipar ou comprar novos carros.

Graficamente, o jogo, tinha uso preciso das tecnologias 3D do Playstation® e usou seu hardware como poucos outros.

Tecnologia

A sensação de velocidade é perfeita e a sensação de dirigir era algo realmente surpreendente.

Por ser uma simulação, as opções para acerto de carro eram muito numerosas e os cuidados com os menus, elegantes e sofisticados, tornavam todo o processo didático e intuitivo.

Outro ponto de destaque eram os *replays*, pois, pela primeira vez em um jogo, tínhamos repetição de cenas que realmente valiam a pena serem vistas. A Polyphony® preparou sequências de câmeras virtuais, como nas transmissões de tevê, que geravam *replays* lindamente elaborados, com ângulos exagerados e dramáticos, oferecendo uma nova experiência ao jogador e para quem estivesse assistindo, com a linguagem gráfica das transmissões de corridas automobilísticas.

Esses dois jogos mostram como em apenas três anos o vídeo game já tinha se apropriado da linguagem tridimensional e como a estética do facetado já havia se tornado obsoleto. Podemos observar como os cenários ricamente elaborados do Gran Turismo® contrastam com o visual espartano de Virtua Fighter®.

O Gran Turismo® fez uso de uma linguagem que tenta chegar à representação realista dos ambientes, também distante do espaço 3D fantasioso do outro. Não bastava mais apenas ser fluido e matemático, era necessário ser graficamente realista também. O Gran Turismo® também flertou (com seus *replays*) com uma linguagem que se tornará dominante na geração de vídeo games seguinte.

2.7 A sexta geração:
sintetizadores de realidade

A tecnologia básica para esta nova geração de vídeo games, baseados em processadores de 64 bits e inaugurada com o Sega Dreamcast® no final de 1998, é a mesma da geração de 32 bits evoluída.

A maioria das melhorias trouxe resultados estéticos, como a inclusão de processadores de partículas que ajudavam a criar clima nos jogos, como neblina, fumaças em explosões etc. Alguns consoles como o próprio Dreamcast® incluíram um modem interno, prevendo uma tendência online via internet, mas parecia estar à frente de seu tempo e de sua tecnologia.

O grande sucesso dessa geração foi, sem dúvida, o Playstation 2®, pois, além de proporcionar o melhor ambiente de programação para os desenvolvedores, garantindo apoio irrestrito e grandes jogos, durante seus quase 10 anos de vida útil, ajudou a popularizar a mídia do DVD e entrar nas salas de grande parte de seu público graças a esse benefício.

A grande promessa do Playstation 2® (da Sony®, 2000) era sua arquitetura fortemente baseada em seu processamento gráfico.

Literalmente, o PS2 era uma poderosa junção de chips gráficos altamente especializados, aliados a um processador de 128 bits, e não o contrário como era comum até então. A intenção da Sony era causar impacto e, para isso, nomeou os processadores do PS2 de acordo: sua CPU de 128 bits era conhecida como "Emotion Engine" e seu *chipset* gráfico de "Graphics Synthesizer". Deixa-se então de nomear a geração pela quantidade de bits dos processadores por conta da complexidade dos sistemas.

Os grandes concorrentes, Nintendo Game Cube® (da Nintendo®, 2001) e Microsoft Xbox® (da Microsoft®, 2001), tomaram caminhos parecidos com algumas pequenas diferenças. O Game Cube® era ainda mais potente do ponto de vista gráfico, baseando seu equipamento em *chipsets* da IBM e ATI. O Xbox®, por ser o último a ser lançado e usar da tecnologia de PCs comuns de mercado, trouxe o que havia de mais novo e poderoso além de acesso a internet de banda larga de fábrica.

A grande diferença da geração anterior para essa foi justamente o desenvolvimento da resolução dos gráficos. Agora era possível, em alguns consoles, chegar-se a 1.280 x 960 pixels, já prevendo as tecnologias de televisão HD, *scan* progressivo e o uso de monitores de computador.

Com o avanço dos chips gráficos, as animações se tornaram ainda mais fluidas e a física de partículas proporcionava uma experiência a mais na jogabilidade. Era possível agora interagir, indiretamente, com elementos nos jogos. Por exemplo, ao tocar numa estante, as coisas que estivessem nela balançariam tal como na vida real. Cada vez mais a contextualização da diegese se tornava viva.

Os jogos que surgiram no início do ciclo de vida dessa geração não traziam muita diferença em relação aos antecessores, mas ao compará-los aos jogos do final isso é marcante. Jogos como God of War® (Sony®, 2005), Shadow of The Colossus® (Sony®, 2005) e God of War II® (Sony®, 2007, Figura 2.25) fazem uso de todos os recuros do Playstation 2® de maneira a criar ambientes com detalhes que auxiliam na imersão, como profundidade de campo reduzida para criar sensação de imensidão, por exemplo.

Lançado já no fim da "vida útil" do Playstation 2®, God of War 2® é, sem dúvida, um dos jogos graficamente mais bem elaborados para o console, usando sua tecnologia ao máximo e extraindo tudo que o Graphic Synthesizer® pode oferecer.

Os efeitos de partículas no God of War 2® criam uma perspectiva que torna o jogo grandioso e com ar épico, com uma fina neblina que se intensifica conforme ganha distância. Essa neblina acaba também por criar um clima melancólico, alinhado com a narrativa de um semideus grego que procura vingança.

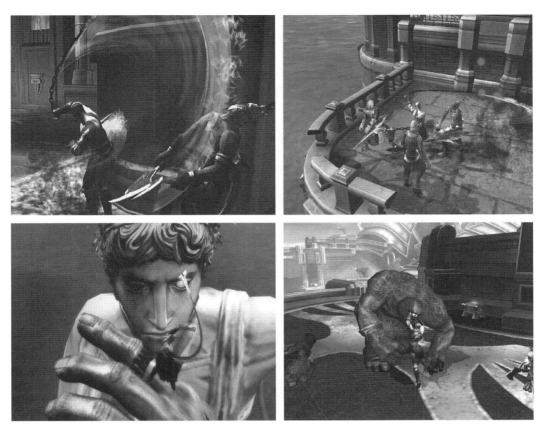

Figura 2.25 – O God of War 2®.

A arquitetura é ricamente detalhada, com prédios construídos nos mínimos detalhes, a sensação de vertigem é constante e só enriquece a experiência do vídeo game.

A câmera abusa de efeitos e movimentação cinematográfica, principalmente das batalhas travadas em computação gráfica como em filmes do porte de *Senhor dos Anéis* ou *Harry Potter*. Essa câmera passeia em torno da batalha e faz mergulhos rasantes e precisos, ajudando a construir a dramaticidade requerida.

Efeitos fotográficos garantem a profundidade narrativa, como na primeira batalha em que Kratos, o herói do jogo, deve lutar contra um colosso grego, e a profundidade de campo fotográfica é reduzida, aumentando a sensação de pequenez e fragilidade do avatar, exigindo mais do jogador. Fogo, fumaça, raios e luzes, tudo com transparência e fluidez garantem um visual único e digno de sequências cinematográficas, enchendo a tela com efeitos visuais lindamente trabalhados.

Figura 2.26 – O Okami, da Clover Studio®

22 Técnica de pintura oriental (basicamente japonesa) que usa nanquim e pincel, num processo comumente chamado "aguada". Uma característica da sua linguagem do *sumi-e* é conseguir o resultado com o menor número de traços (ou movimentos) possível, sendo considerada "a arte da essência".

Todos os recursos gráficos empregados nesse jogo têm o objetivo de criar o clima de aventura épica e mitológica. A combinação de efeitos de partícula com variação de profundidade de campo, aliada a detalhados cenários, ajudou a moldar um mundo fantástico, tudo isso graças aos poderosos processadores gráficos do Playstation 2®. Todos os recursos que tornam God of War 2® grandioso só são possíveis por conta da capacidade de processamento e cálculo dessa máquina.

Mas há outras maneiras de se explorar a expressividade de um vídeo game. Com base na lenda japonesa de Amaterasu, o Okami® (da Clover Studio®, 2006, Figura 2.26) busca uma linguagem inovadora ao usar gráficos baseados em técnicas clássicas como o *sumi-e*.[22] O resultado é sofisticado, cheio de detalhes mínimos que constroem uma narrativa profunda e fantástica.

As texturas empregadas em cada pixel do jogo, aliadas ao rico trabalho de renderização em *cel-shading*[23], com filtros que simulam as técnicas japonesas, fazem com que cada *frame* do jogo seja praticamente uma ilustração coerente com as tradições das lendas japonesas nas quais o jogo se baseia.

A paleta cromática do jogo traz as cores esmaecidas das pinturas à base de água, associadas e sutis pinceladas e à textura do próprio papel. O recurso visual empregado nesse jogo é uma prova da maturidade do design de vídeo games ao explorar e tornar viva uma linguagem gráfica que é naturalmente estática. A chance de algo do tipo se tornar *kitsch* é enorme, mas a equipe de desenvolvimento da Clover Studio® conseguiu aplicar dinâmica, graça e fluidez ao *sumi-e* animado.

A jogabilidade brinca com uma metalinguagem na qual, além de controlar Amaterasu, a loba branca, o jogador controla um pincel mágico que, em determinados momentos pode interferir no jogo ao criar elementos ou eliminar obstáculos. Esse é um dos pontos altos do jogo, pois ao pausar no momento de usar o pincel, todo cenário se torna uma gravura estática, num perfeito exercício de transformação de linguagem, e o pincel pode atuar da mesma maneira como na vida real.

Esses dois jogos apresentam, de maneira clara, como os sintetizadores de realidade dos vídeo games de sexta geração conseguem explorar as mais diversas linguagens gráficas, adicionando camadas de significação a cada jogo, a cada temática, por meio de um cuidadoso trabalho de direção de arte e concepção gráfica.

23 *Cel-shading* é uma técnica de renderização em 3D não fotorrealística que aproxima a linguagem do objeto renderizado à linguagem das ilustrações em 2D, podendo emular técnicas diversas incluindo o próprio *sumi-e*.

3

A linguagem gráfica e as lógicas da remediação

Já vimos nos dois primeiros capítulos deste trabalho, como a história e a tecnologia influenciaram e são parte integrante das linguagens gráficas dos vídeo games. Neste capítulo proponho um terceiro eixo de influência e inspiração: as outras mídias já existentes.

Enquanto a história da indústria dos vídeo games mostra o desenvolvimento dessas linguagens sob uma abordagem socioeconômica, a cronologia dos desenvolvimentos tecnológicos deixa claro como as limitações de hardware e software ajudaram a dar forma a certos aspectos estéticos presentes nos vídeo games, sob uma ótica da sintaxe. Esse terceiro eixo fecha esse ciclo de influência, estabelecendo as fontes de grande parte da semântica dessas linguagens gráficas.

Para esta parte do trabalho, proponho uma linha de pensamento baseada no trabalho de dois especialistas em mídia, Jay David Bolter e Richard Grusin, que em seu trabalho *Remediation*: understanding new media (1999), deram forma ao conceito de remediação, apresentando como as mídias influenciam e emprestam linguagens umas das outras, num hibridismo constante, sempre em busca da negação ou da transparência da mídia em si (e de sua interface).

O desenvolvimento da linguagem de qualquer mídia usa do "empréstimo" de elementos semânticos, estruturais e sintáticos de outras mídias já estabelecidas, para criar conforto psicológico e algum referencial para a nova mídia.

> Games com gráficos representacionais, muitas vezes, se apoiam em convenções de outras mídias audiovisuais, e progressivamente, em convenções estabelecidas nos primeiros vídeo games, dando-lhes uma familiaridade instrínseca que permite aos jogadores começar jogando sem ter de aprender a interface. (WOLF, 2003, p. 52, tradução do autor.)

Os vídeo games nasceram frutos do desenvolvimento tecnológico e da vontade de seus criadores de dar outros usos a tecnologias, então novas, como a televisão ou os computadores.

Por isso mesmo, devemos entender os aspectos de linguagem de outras mídias existentes nessa época e que faziam parte do dia a dia desses criadores. As novas mídias não surgem sem algum alicerce de mídias existentes, ao tentarmos dar novo propósito a alguma tecnologia, somos levados a usar as estruturas semânticas das outras mídias como apoio e de maneira a tornar essa nova mídia mais acessível, palatável e menos amedrontadora. Nas palavras de Bolter e Grusin:

> [...] tecnologias de mídia constituem redes ou híbridos que podem ser expressados em termos físicos, sociais, estéticos e econômicos. Introduzir uma nova tecnologia de mídia não significa simplesmente inventar um novo hardware e software, mas também moldar (ou remoldar) tal rede. [...] nós podemos dizer que as tecnologias de mídia são agentes em nossa cultura, sem cair na armadilha do determinismo tecnológico. Novas mídias digitais não são agentes externos que vêm para romper uma cultura [...] Elas emergem dos próprios contextos culturais e remoldam outras mídias, que são incrustadas nos mesmos contextos ou similares. (BOLTER; GRUSIN, 1999, p. 19, tradução do autor.)

O desenvolvimento dessas linguagens gráficas teve influências de outras mídias não apenas no seu nascimento, mas em toda sua história, e devemos analisar essa rede de remediação e hibridismo para compreender como os três eixos de influência propostos neste trabalho convergem para criar uma mídia com forte expressão gráfica e características únicas, e que, hoje em dia, constitui uma das mais poderosas indústrias de entretenimento do mundo.

Segundo Bolter e Grusin, a remediação funciona seguindo duas lógicas: a da imediação e da hipermediação.[24] Por meio da lógica da imediação, a mídia tenta desaparecer, tornar-se transparente ao observador, negando sua condição de mediadora entre o real e o observador e tornando a experiência o mais próxima da realidade.

A lógica da hipermediação funciona com o mesmo objetivo, tornar a experiência o mais real possível, mas atua de maneira oposta à imediação, na medida em que o faz justamente tornando o observador ciente dessa mídia. A hipermediação "privilegia a fragmentação, a indeterminação, heterogenia... e enfatiza o processo ou o desempenho em lugar do objeto de arte terminado" (MITCHELL, William apud BOLTER; GRUSIN, 1999).

> A lógica da hipermediação multiplica os signos da mediação e, dessa maneira, tenta reproduzir a riqueza sensorial da experiência humana. Por outro lado, a hipermediação pode

24 Tradução livre do autor, no original: *immediacy* e *hypermediacy*.

operar mesmo em uma mídia única e aparentemente unificada, particularmente quando a ilusão da representação realista é, de alguma maneira, exagerada ou rompida de um modo geral. Por exemplo, pinturas em perspectiva ou gráficos de computador são, muitas vezes, hipermediados, particularmente quando oferecem cenas fantásticas que não se espera que o observador aceite como reais ou mesmo possíveis. (BOLTER; GRUSIN, 1999, p. 34, tradução do autor.)

O vídeo game em sua história trabalhou a remediação nas duas lógicas, de acordo com suas condições tecnológicas, estético-expressivas ou mesmo deliberadamente quando sua linguagem gráfica amadureceu o suficiente.

Da mesma maneira que a televisão em seus primórdios fez uso da linguagem do teatro e do rádio, remediando as duas mídias, o vídeo game remediou outras formas de expressão enquanto construía a sua própria linguagem, absorvendo e transformando os elementos e estruturas das outras formas de mídia. Podemos inclusive encontrar nos dias de hoje outras mídias que fazem uso da linguagem do vídeo game, comprovando sua maturidade e qualidade como meio de expressão.

Nas próximas páginas, tentaremos compilar algumas das diversas linguagens gráficas adotadas pelos vídeo games analisando as inter-relações de remediação entre as mídias das quais o vídeo game emprestou essas linguagens.

3.1 Abstração e jogos de tabuleiro

Nos seus primeiros anos, o vídeo game sofreu com a falta de capacidade para gerar gráficos realistas, e viveu sob uma forte condição de síntese gráfica, em que gráficos puramente abstratos[25] eram comandados em telas de tevê. A nova mídia propunha a interatividade como novidade e isso parecia bastar como atrativo, mas não podia durar sempre assim.

Deixando de lado experiências como jogos de computador da envergadura de Spacewar!, que necessitavam de *mainframes* militares para serem jogados, os primeiros vídeo games tinham muito pouco a oferecer do ponto de vista de uma linguagem gráfica deliberada. Essa protolinguagem era produto de sua tecnologia de circuitos, não de designers.

Mas, de uma certa maneira, essa falta de capacidade gráfica obrigou os primeiros desenvolvedores a criar um ambiente hipermediado, em que "ele chamava atenção para uma interface que parecia se mover num ritmo frenético" (BOLTER; GRUSIN, 1999, p. 90). Ou seja, o foco para esses criadores, na falta de uma linguagem gráfica, se voltou para a interface com

---

25 Quando trato de abstração neste trabalho, uso o termo baseado no conceito de síntese formal, em que deixa-se de lado detalhes que podem ser considerados irrelevantes e atêm-se à sua essência, dando ênfase aos traços mais marcantes e significativos. "[...] o processo de abstração é também um processo de destilação, ou seja, de redução dos fatores visuais múltiplos aos traços mais essenciais e característicos daquilo que está sendo representado." (DONDIS, 1991, p. 90-91.) A abstração como síntese também pode ser entendida como a redução proposta por Dworecki (1999, p. 206), em que "reduzir é o ato de remeter ao conhecimento [...] é o instrumento das transformações das sensações e emoções em dados da percepção", tirando essa abstração-síntese da condição de antítese da representação, e colocando-a como a destilação do que se está sendo percebido, informação mais densamente carregada de emoção e significado.

26 Espaço-off é um termo emprestado

o jogador. Se considerarmos Spacewar! (1962) como a primeira ocorrência de criação de uma interface simbólica para tecnologia digital, podemos considerar Pong® como a primeira a apresentá-la ao grande público.

Até então, os computadores eram processadores de dados vorazes, engoliam cartões perfurados com números e letras e devolviam folhas impressas com mais números e letras; essa era e única maneira conhecida de interação com essas máquinas. O Spacewar!e depois o Pong® ofereceram novas atribuições para essas tecnologias, tanto formais quanto culturais. Essa passagem de uma linguagem alfanumérica para uma icônico-simbólica segue uma tendência natural do ser humano por uma comunicação mais sintética.

> Em *The Act of Creation*, Koestler formula assim o processo: "O pensamento por conceitos surgiu do pensamento por imagens por meio do lento desenvolvimento dos poderes de abstração e de simbolização, assim como a escrita fonética surgiu, por processos similares, dos símbolos pictóricos e dos hieróglifos." [...] A evolução da linguagem começou com imagens, avançou rumo aos pictogramas, cartuns autoexplicativos e unidades fonéticas, e chegou finalmente ao alfabeto [...] Mas há inúmeros indícios de que está em curso uma reversão desse processo, que se volta mais uma vez para a imagem, de novo inspirado pela busca de maior eficiência. (DONDIS, 1991, p. 14.)

Essa linguagem simbólica procurada pelo homem veio naturalmente por meio dos meios digitais, principalmente o computador. Como Poole (2000) afirma, o computador é um grande manipulador natural de símbolos e a criação da interface gráfica, da qual se apropriou o vídeo game, proporcionou uma manipulação direta de signos na tela de uma tevê.

O que atraiu o público para essa nova mídia, além desta comunicação simbólica, foi sua natureza interativa, pois "o vídeo game acontece *NA* imagem, cuja interatividade requer uma nova maneira de ler e entender imaginário abstrato" [destaque em letras maiúsculas do autor] (WOLF, 2003, p. 49). E essa síntese gráfica forçada acabou empurrando a linguagem do vídeo game para um terreno já conhecido desse público: os jogos de tabuleiro.

Antes de entrar no assunto, convém esclarecer que essa abstração à qual estamos nos referindo (abstração como síntese, como caráter sintático) acontece em dois níveis, no caso dos vídeo games, por conta da sua natureza audiovisual. Como a ação nos vídeo games acontece na imagem e no tempo, há a abstração na linguagem gráfica e a abstração dos eventos.

Além da imagem, o tempo no jogo e as ações que tomamos junto com nossas decisões, também sofrem essa abstração.

Os jogos de tabuleiro também carregam forte abstração gráfica e de eventos e foram influências perfeitas para essa nova mídia; pegue por exemplo o jogo de Xadrez que é uma abstração de uma batalha entre dois reinos por território e poder. Tanto existe abstração gráfica (peças como o cavalo ou o rei são reduções formais de cavalos e reis realistas) quanto há abstração de eventos (por exemplo, o tabuleiro quadriculado que nos força a certos movimentos, e em turnos).

Mesmo que, em seus primeiros anos, os vídeo games tenham usado muito da temática de esportes (com as inúmeras variações de Pong®) sendo também influenciados por jogos de salão como mesas de Air Hockey® (Figura 3.1), ainda assim conseguimos enxergar a influência dos jogos de tabuleiro em suas estruturas formais, como sua interface.

O vídeo game precisou, então, alfabetizar visualmente seu público, e essa linguagem gráfica mais sintética foi muito adequada. Jogos como Spacewar! eram muito complexos e a tentativa de levá-los ao grande público em 1971, com o Computer Space® de Nolan Bushnell, provou que este ainda não estava preparado. O Computer Space® trazia na tela todos os elementos de Spacewar! e seu controle era formado por seis botões, entre aceleradores e desaceleradores, comandos para girar a nave, para atirar e para entrar no hiperespaço. Ele mantinha a novidade de trazer a interação com o vídeo, uma temática nova, um modo de usar graficamente o vídeo que era inédito, e, quando as pessoas se aproximavam, não entendiam a interface.

Figura 3.1 – A mesa de Air Hockey também tem movimentação bidimensional e estrutura formal parecida com as variações de Pong®.

A linguagem gráfica e as lógicas da remediação

O Pong®, por outro lado, tinha apenas dois elementos que se moviam (as raquetes) e a bola, que retornava em ângulo ao bater em um dos dois. O controle era tão simples quanto a interface: apenas um botão giratório. As instruções para jogá--lo, escritas no próprio gabinete do *arcade*, eram: evite perder a bola para fazer mais pontos. Tudo era muito simples, e por isso mesmo não assustava as pessoas. Perfeito para que elas ousassem experimentar.

Outro ponto a ser observado nos jogos de tabuleiro que nos fascina por séculos é sua riqueza na interação sígnica de seus elementos lúdico-expressivos. Essa interação com símbolos, que é executada com perfeição pelo computador, encontra no vídeo game o ambiente perfeito desta linguagem. Poole (2000, p. 178), faz uma interessante leitura do jogo Pacman® (Figura 3.2), demonstrando, de maneira prática, esse jogo de símbolos que executamos ao jogar vídeo games.

> Pegue o pequeno disco. Que é o próprio Pacman® [...] a forma amarela concordamos ser Pacman. Por essa razão, ele é um símbolo. [...] Conforme se move, a "fatia de pizza" faltando expande e contrai, lembrando uma boca esquemática em perfil. [...] Dessa maneira, o Pacman é também, em certo modo, um ícone.
>
> [...]
>
> E aquelas águas-vivas com olhos? Elas são símbolos, mas são mais icônicos do que o próprio Pacman, no que seus olho são relativamente bem definidos. [...] Agora, os fantasminhas [as águas-vivas] são na verdade alguns dos mais semioticamente avançados itens no jogo porque seus olhos também funcionam indicialmente. Para onde os olhos estão olhando é aonde o fantasma irá em seguida. Os olhos "apontam"; funcionam como índice. Isso é um sinal particularmente importante para o jogador observar, pois muito do jogo é evitar contato com os fantasmas [...]
>
> Há uma mistura [simbólica] similar nos pontos grandes [...] perto dos cantos do labirinto. Como seus irmãos menores, eles são simbólicos (de pura comida abstrata), mas seu tamanho avantajado também funciona indicialmente. Eles são maiores em circunferência, e consequentemente são maiores em utilidade [...]. (POOLE, 2000, p. 178-180, tradução do autor.)

Poole analisa todos os elementos de Pacman®, um a um, e depois chama atenção para as relações entre esses símbolos dentro da mecânica do jogo:

> As bolhas [pontos] têm uma função adicional: como *power--ups*. Quando Pacman come uma bolha, ele pode, por um breve espaço de tempo, se virar e perseguir os fantasmas que o vinham perseguindo. Nós podemos, agora, dizer que

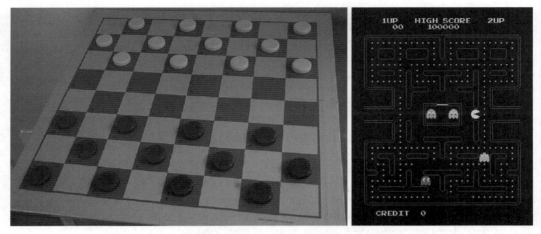

Figura 3.2 – A movimenação bidimensional e a rica inter-relação entre os signos do jogo. Dama e Pacman® podem ter mais em comum do que imaginamos.

em termos semióticos, os *power-ups* funcionam como signos de segunda ordem – signos sobre signos. A própria bolha é um símbolo convencionado para *power-up* de acordo com o design do jogo Pacman®, mas o *power-up* sozinho não tem existência independente. O significado dos *power-ups* consiste inteiramente em mudar as relações potenciais entre o resto dos signos no jogo por um período de tempo determinado. (POOLE, 2000, p. 178-180, tradução do autor.)

É justamente esse tipo de relação entre signos dentro dos vídeo games que os torna parecidos mecanicamente com os jogos de tabuleiro, nada mais natural, então, que se aproveitassem então de parte de sua linguagem gráfica. Estruturalmente e sintaticamente. É nesse nível que funciona a remediação do jogo de tabuleiro pelo vídeo game.

Uma vantagem a mais que o vídeo game oferecia frente aos jogos de tabuleiro originais era a de fazer a parte "chata" da brincadeira, pois o computador pode cuidar de todo o controle como acertar marcadores, placares, ser juiz imparcial e declarar vitória ou derrota nas partidas (Figura 3.3).

Os jogos de tabuleiro deram ao vídeo game algo em que se apoiar enquanto linguagem gráfica, oferecendo estrutura familiar a seu público. Podemos eleger alguns elementos dessa linguagem e demonstrar as semelhanças entre eles.

As peças em qualquer jogo de tabuleiro, movem-se em uma matriz bidimensional, e, em muitos jogos, devem percorrer um trajeto para chegar a um destino que lhes dê a vitória ou caracterize a derrota. Outros jogos de tabuleiro trazem regras de perseguição e outros, como o Othello, pedem ao jogador que obtenha maioridade numérica de peças ao final da partida.

Essa movimentação é características dos vídeo games no seu início, até meados da década de 1980. É impossível não notar a semelhança entre jogos de tabuleiro e jogos como Pac-man®, por exemplo. O que o vídeo game trouxe de novo a esse mundo foi a ação e o movimento frenético e animado, tirando o jogo de tabuleiro das jogadas por turno.

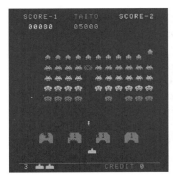
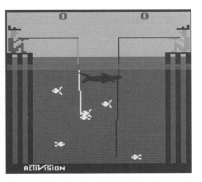
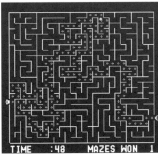

Figura 3.3 – O Space Invaders® (Taito®, 1978, acima, à esquerda) e o Fishing Derby® (da Activision®, 1980, acima à direita), jogos de ação que aparentemente não têm nada dos jogos de tabuleiro, ainda possuem a movimentação bidimensional e as estruturas cartesianas. O Amazing Maze® (da Midway®, 1976, abaixo, à esquerda), labirinto como em jogos infantis de tabuleiro e o Canyon Bomber® (da Atari®, 1977, abaixo, à direita), precisão ao lançar bombas em jogo por turnos.

A configuração gráfica dos jogos de tabuleiro também pode ser observada nos vídeo games, no espaço em que a ação acontece, limitadas à própria estrutura física dos tabuleiros e à tela da tevê, no caso dos vídeo games. Essas fronteiras só seriam rompidas nas próximas gerações, e sua limitação levou o vídeo game a abusar da síntese de seus elementos, mantendo-os diminutos e esquemáticos para caber nessa tela, o que aumentava ainda mais sua carga simbólica.

A pouca capacidade gráfica, limitada pelas margens do monitor de tevê, deram a esses vídeo games uma linguagem de monitoração, como se o jogador fosse um "deus", sempre acima e capaz de enxergar tudo o que se passasse no universo do jogo. Tudo o que poderia acontecer estava confinado naquele espaço e podia ser escrutinado e alterado pelo ser onipresente que é o jogador.

Esse espaço monitorado também forçou os vídeo games a basicamente duas formas de expressão (Figura 3.3): algo que parecia ou uma visão aérea, de uma planta baixa (Pacman®, Rally-X®) ou uma visão em corte esquemático (Space Invaders®, Canyon Bomber®, Fishing Derby®). Sendo que esta última não muito explorada por jogos de tabuleiro.

Essa visão "divina" do campo de jogo também ajudou a aproximar o vídeo game da linguagem do jogo de tabuleiro, levando a soluções de mecânica como a movimentação bidimensional já mencionada aqui, ao gride gráfico característico dos tabuleiros e à máxima sintetização, o que condensou e concentrou sua carga simbólica. Essas características foram importantes nesses primeiros anos, moldando e dando forma à linguagem do vídeo game.

3.2 Desenhos animados

Na segunda metade da década de 1980, o desenvolvimento gráfico dos vídeo games possibilitou a exploração de novas linguagens e novos conceitos, injetando novidade numa mídia que já tinha se estabelecido como entretenimento eletrônico. O barateamento dos chips de memória e a melhora na arquitetura digital dos computadores da época permitiu uma sofisticação no processamento que abriu novos horizontes para os designers de jogos.

A resolução na tela praticamente não aumentou, com ligeiro ganho de resolução apenas no final da década de 1980, com o surgimento dos vídeo games de 16 bits. Mas o ganho em poder de processamento e em quantidade de memória contribuiu na maneira como se usou essa resolução.

Finalmente, era possível ter cenários, melhorando a contextualização dos jogos bem como a representação gráfica, que ia-se, aos poucos, deixando a abstração e a síntese para algo mais figurativo e menos codificado. Essas melhorias também permitiram aos vídeo games explorar o espaço que antes era confinado e trabalhar o que no cinema se chama espaço-off.[26]

do cinema que diz respeito a todo o espaço que não é mostrado na frente das câmeras, o espaço que está fora da tela de televisão ou do cinema.

Essa mudança na maneira de usar o espaço no vídeo game foi um dos grandes vetores que o possibilitaram remediar outras mídias e outras linguagens. Wolf (2001, p. 51) compilou 11 maneiras diferentes de trabalhar o espaço, do ponto de vista dos vídeo games:

1. baseado em texto, sem espaço visual;
2. uma única tela, confinado;
3. uma única tela, confinado, mas com emenda nas bordas;

4. rolagem em um eixo;
5. rolagem em dois eixos;
6. espaços adjacentes mostrados um por vez;
7. camadas de planos móveis independentes;
8. espaço com movimento no eixo-z para dentro e fora da tela;
9. espaços múltiplos não adjacentes mostrados simultaneamente;
10. ambiente interativo tridimensional;
11. espaços representados (ou mapeados).

Tirando algumas exceções, a ordem da lista apresentada aqui também é cronológica do ponto de vista da tecnologia do design de vídeo games e mostra como esse espaço foi crescendo, primeiro bidimensionalmente e, depois, incluindo o eixo-z, ou a terceira dimensão. O item 1 é relativo apenas a computadores e seus jogos tipo *adventure* baseados em texto; os itens 2 e 3 são relativos aos vídeo games de primeira geração mencionados na seção anterior (jogos baseados em jogos de tabuleiro) cuja tela confinada não permitia a exploração do espaço.

Os demais itens excluindo-se o 8 e o 10, exploram os espaço bidimensionalmente, de várias maneiras, e, aliados aos ganhos tecnológicos, trouxeram mais profundidade ao universo diegético e narrativo dos vídeo games.

A quantidade de cores também aumentou, mas esse ganho foi limitado e seletivo, pois o aumento na capacidade gráfica não foi tão grande assim e o aumento na quantidade de cores não podia ser grande, então escolheram-se cores que eram contrastantes entre si e de matizes variadas. Essas cores, entre seis e 16, em média, disponíveis simultaneamente na tela, de acordo com a plataforma, formavam invariavelmente uma paleta saturada e artificial.

Essa paleta peculiar, aliada ao novo poderio gráfico, levou o vídeo game à remediação de outra mídia muito popular e com grande apelo para o público: os desenhos animados.

A linguagem, muitas vezes sintética, e as cores sempre simplificadas, do ponto de vista da representação realista que os desenhos animados trazem, formavam um par perfeito com o vídeo game. A linguagem era essencialmente bidimensional, com personagens quase sempre parecendo planos e sem volume, cenários pintados com cores sólidas, sem nuances e/ou texturas, movimentação baseada em exibição rápida e sequencial de desenhos levemente diferentes. Tudo era muito fácil de se obter nos vídeo games de então.

Figura 3.4 – Congo Bongo® (Sega®, 1983, acima, à esquerda) e Punch Out® (Nintendo®, 1984, acima, à direita): linguagem e humor são de desenho animado. Já na metade da década de 1980, os designers já procuravam por proporções mais próximas do real e temas mais adultos, como a Guerra Fria em Green Beret® (Konami®, 1985, abaixo, à esquerda) ou Hangon® (Sega®, 1985, abaixo, à direita).

Havia também a influência cultural e a concorrência. Os vídeo games já tinham praticamente 15 anos e a dita interatividade com a tela de tevê não era mais nenhuma novidade capaz de arrastar o público para os *arcades*, além disso, os vídeo games buscavam o mesmo público que os desenhos animados, então deveriam oferecer experiências tão ricas esteticamente quanto estes (Figura 3.4).

O desenvolvimento tecnológico que também possibilitou o aumento da profundidade dos jogos, trouxe aos vídeo games uma narrativa que agora era interna à diegese. Havia poder de representação suficiente para contar uma história dentro do próprio jogo, e não somente fora dele como era antes.

Outro fator importante foi o estabelecimento do avatar com personalidade. Até 1980, mais precisamente até o jogo Pacman®, não controlávamos caracteres reconhecíveis nos vídeo games; eram sempre raquetes, carros, sapatos, bolas de boliche etc. A capacidade gráfica não suportava a representação de elementos animados, então, nos relacionávamos sempre com avatares baseados na funcionalidade que exerciam em tela.

O Pacman® foi o primeiro avatar a ter nome e personalidade. Não é surpresa também que foi a primeira personagem de vídeo game a ter produtos licenciados em seu nome. A partir de então a exploração psicológica do avatar sempre cresceu, reforçando os laços com o jogador. Segundo Rehak, "o avatar do vídeo game, apresentado como um dublê humano do jogador, aglutina observar e participar de uma maneira que fundamentalmente transforma as duas atividades" (WOLF, 2003, p. 103).

Clara demonstração dessas duas inovações (narrativa interna e personagens carismáticas) se obtém observando as inovações de Donkey Kong® (Nintendo®, 1981), em que podemos observar uma introdução que realmente conta uma história para o jogador, eliminando a necessidade da abstração dessa narrativa e personagens que interagem entre si dramaticamente e via metalinguagem com o jogador.

Rehak complementa que os avatares são nossos olhos, ouvidos e nosso próprio corpo e consequentemente experimentamos o jogo por meio de sua exclusiva mediação. A ligação psicológica entre jogador e avatar e tão intensa que Rehak sugere que há uma ligação entre essa relação e a fase do espelho, descrita por Jacques Lacan e Samuel Weber, em que crianças entre seis e oito meses de idade se relacionam com a própria imagem no espelho (e entendem ser elas mesmas) e por conta disso ocorre a divisão do ego. O avatar no vídeo game, segundo Rehak, seria uma possível tentativa de reconciliação com essa imagem perdida.

Os avatares foram evoluindo até o ponto em que ganhavam seus próprios desenhos animados na tevê, o que demonstra o poder de expressividade que tinham já à essa época. O circuito estava fechado.

Figura 3.5 – O Final Fight® (da Capcom®, 1989): com a chegada da geração de 16 bits, foi possível a colocação de personagens realmente grandes na tela, isso possibilitou a exploração de uma linguagem comum nos desenhos animados que era a aventura mais adolescente, com heróis e vilões com proporção mais real e temática urbana, baseada em filmes de ação.

No final da década de 1980, a introdução dos vídeo games de 16 bits trouxe algumas inovações do ponto de vista estético, principalmente na temática e na exploração de novas linguagens (Figura 3.5). A possibilidade do uso de avatares maiores, ocupando quase toda a tela, o aumento da resolução e o aumento real da paleta de cores, trouxe uma linguagem que ainda remediava o desenho animado, mas também tinha influência do grafite e de programas juvenis, com temática mais urbana e uma violência mais explícita. Há que se considerar também a influência de canais de tevê voltados ao público jovem como o da MTV.

A linguagem gráfica do vídeo game caminhou em direção a uma representação mais realista, tentando se distanciar da síntese e abstração de antes, mas a tecnologia ainda não era a ideal. O resultado foi a remediação de desenhos animados menos infantis, cujas personagens tinham proporção mais humana e real, mas ainda eram de uma estética cartunesca e artificial.

Esta estética foi característica da geração 16 bits e trazia um ar *kitsch* ao design de vídeo games. A possibilidade do uso de centenas de cores em alguns casos, em vez de buscar uma representação mais fiel a uma realidade fotográfica, simplesmente sofisticou a linguagem usada até então, um pouco infantilizada e artificial. Essa barreira só seria quebrada na geração 32 bits.

A tentativa de levar o vídeo game para uma representação realista parecia afastá-lo de uma situação de hipermediação, onde o jogo era simplesmente um "jogo de signos", levando o vídeo game a uma outra linguagem hipermediada, dessa vez mais próxima da linguagem de canais como a MTV, que surgiu no começo dos anos 1980, cuja fragmentação e sinestesia estão presentes nos jogos dessa segunda fase da remediação do desenho animado.

Outra coisa que manteve o vídeo game "preso" na linguagem do desenho animado até a geração 32 bits foi a questão do pixel invisível. Mesmo nos sistemas de 16 bits, a maior resolução possível à época era a de 512 x 448 no Super NES® ou 640 x 400 no IBM-PC e Commodore Amiga®. Isso não garantia a "invisibilidade" do pixel, e enquanto esse elemento fosse visível aos olhos humanos, a representação realista estaria comprometida em função de uma "linguagem de computador" forçada por esse pixel presente, que nos impede de ver a realidade "através" da tela, nos levando a enxergar a própria tela, fazendo ciência da interface, portanto, da mediação.

> Em todas suas várias formas, a lógica da hipermediação expressa a tensão entre a consideração de um espaço visual como mediado e como espaço "real" que se encontre além da mediação. Lanham (1993) chama essa tensão entre olhar "para" e olhar "através", e ele vê isso como um benefício da arte do século vinte em geral e agora na representação digital em particular. Um observador confrontando uma colagem, por exemplo, oscila entre olhar os retalhos de papel e tinta na superfície da obra e olhar através dos objetos representados como se estes ocupassem um espaço real além da superfície. O que caracteriza a arte moderna é uma insistência que o observador continue vindo para a superfície ou, em casos extremos, uma tentativa em segurar o observador na superfície indefinidamente. Na lógica da hipermediação, o artista [ou o designer de vídeo games] esforça-se para fazer o observador reconhecer a mídia como uma mídia e aproveitar essa ciência. (BOLTER; GRUSIN, 1999, p. 41, tradução do autor.)

Portanto ao limitar o vídeo game a uma representação que impedia a imediação, a tecnologia forçou a linguagem gráfica dele a tornar-se hipermediada, focando sempre na sua interface como ponto de expressividade, tornando-a "aparente" e viva, podemos inclusive traçar comparativos de linguagem com a própria arte, como se a exploração das interfaces mediadoras fossem algo inerente à nossa cultura contemporânea:

> Enquanto engenheiros se esforçam para manter a ilusão da transparência no design e refinamento das tecnologias de mídia, artistas exploram o significado da própria interface, usando várias transformações dessa mídia como sua paleta.

> [...] O poder expressivo dessa interface, em conjunto com a
> crescente transparência "aparente" das tecnologias de inter-
> face, traz complicadas discussões éticas a respeito da subjeti-
> vidade e controle. (ROKEBY, 1995, p. 133, tradução do autor.)

O desenho animado também nos faz cientes de sua irrealidade, com sua paleta de cores exageradas, ação inesperada e
certa síntese gráfica de seus elementos. Isso nos torna cientes
da mídia, tira o desenho animado do terreno da imediação e
o coloca no da hipermediação. O vídeo game ao remediar esse
desenho animado faz o mesmo, por motivos um pouco diferentes, como as limitações técnicas, mas também é hipermediado
quando aponta para a própria irrealidade e para sua interface.

3.3 O novo cinema e a nova televisão

Com a entrada dos processadores de 32 bits no mercado, houve uma mudança real na arquitetura dos vídeo games que
possibilitou a exploração de novas linguagens totalmente sem
amarras em relação às anteriores. Esses processadores vieram
acompanhados de chips dedicados a processamento vetorial
para cálculos de gráficos 3D, uma mídia massiva que geralmente era o CD-ROM e muito mais memória disponível para
gráficos e processamento geral.

Nos *arcades*, no começo da década de 1990, os vídeo games
com gráficos tridimensionais começaram a fazer sucesso oferecendo uma nova experiência, mais imersiva e com requintes
de física e movimentação fluida. A nova arquitetura dos consoles de 32 bits era perfeita para levar esse tipo de experiência
para as nossas casas.

Com o lançamento do Sega Saturn® e do Sony Playstation®,
esses jogos em 3D tornaram-se uma linguagem dominante e
a partir da qual todos os jogos seriam comparados. Os primeiros jogos que usaram essa tecnologia ainda experimentavam a
nova linguagem e/ou eram tentativas imersivas baseadas em
certos conceitos de realidade virtual (Daytona Racing®, Virtua Racing®) ou jogos de luta corporal (muito comuns à época
como Virtua Fighter®, Tekken®) que traziam como atrativo os
movimentos fluidos da animação vetorial pura.

Essas primeiras experiências ainda traziam a hipermediação como princípio, seja nos jogos de luta onde as personagens
eram nitidamente exageradas[27] (Figura 1.28) por conta da limitação do cálculo poligonal que faziam com que as personagens
fossem muito facetadas, seja nos imersivos em que a presença
constante de itens de interface como marcadores e os *replays*
constantes nos faziam todo o tempo cientes da mídia em si,
em detrimento da imersão pura.

27 Não há a necessidade de a mídia ter múltiplos pontos de contato para po-der haver a lógica da hipermediação. Como Bolter e Grusin (1999, p. 34) cita: "a hipermediação pode operar mesmo em uma mídia simples e aparentemente unificada, particular-mente quando a ilusão de represen-tação realística é exagerada ou rom-pida completamente". A linguagem poligonal explícita faz o papel desse exagero que separa esses vídeo ga-mes da realidade.

A linguagem gráfica e as lógicas da remediação

Figura 3.6 – O Resident Evil®.

Com o lançamento de jogos como Resident Evil® (da Capcom®, 1996) para o Playstation®, isso tudo iria mudar. Resident Evil® (Figura 3.6) trazia um novo conceito de jogo, um novo gênero, uma nova maneira de se jogar o vídeo game. Toda uma nova linguagem, todo um novo paradigma.

O que os designers perceberam é que as tecnologias de imersão em realidade virtual, que eles estavam usando até então, também permitiam a construção de ambientes tridimensionais com mapas completos e complexos. A outra grande descoberta foi, simplesmente, "tirar o piloto do carro" e colocá-lo para explorar esses ambientes caminhando, com a câmera ora no lugar de seu campo de visão ora por sobre o ombro.

Poderíamos facilmente dizer que tudo isso já havia sido feito em Doom® ou Quake®, mas a diferença aqui é exatamente na linguagem gráfica empregada por esses novos jogos. Nos jogos Doom®, por exemplo, a câmera era estática, monitorando um espaço tridimensional, com limitação de movimentos. A linguagem nesse jogo ainda era a de monitoração de mundo, como nas gerações anteriores, apesar da tridimensionalidade sugerindo imersão.

O que jogos como Resident Evil® fizeram foi justamente buscar uma nova linguagem que se adaptasse melhor a exploração em um ambiente 3D e fizeram isso emprestando a linguagem já estabelecida do cinema e da televisão. Apesar de buscarem a transparência imediativa, essas duas mídias funcionavam muito dentro da lógica da hipermediação.

> Apagar [tornar transparente] a mídia é difícil para jogos de computador, como é para cinema, porque nos dois a experiência deve ser representada visualmente sem o sentido crucial do toque. [...] No caso do cinema, o trabalho de câmera – tomadas de ponto de vista, ângulos de câmera pouco usuais, e outros – é usado para tentar cobrir a ausência do corpo. Essas tomadas são feitas em nome da transparência, mas muitas vezes criam um efeito hipermediado. Há por exemplo, um clichê erótico no cinema de Hollywood no qual a câmera se move com tal intimidade sobre corpos entrelaçados que é difícil determinar exatamente que parte de qual corpo está sendo observada. Os corpos se tornam formas abstratas, fazendo o observador ciente da mídia do cinema. (BOLTER; GRUSIN, 1999, p. 101, tradução do autor.)

O vídeo game, ao remediar a linguagem do cinema, fez uso justamente desses jogos de câmera para criar o mesmo efeito dramático conseguido no cinema. Com o uso do CD-ROM, o poder de criar narrativas mais complexas e enredos mais instigantes atingiu maturidade, e a linguagem do cinema aliada ao 3D ajudou a cristalizar esse gênero de vídeo game como perfeito para esse efeito imersivo hipermediado, como aponta Alison McMahan:

> Narrativa e gêneros de narrativa são, muitas vezes, usados como uma maneira de definir as convenções de mundo e ajudar o usuário a alinhar suas expectativas com a lógica do mundo. Não é por acaso que o *role-playing* [RPGs] e os jogos de aventura, os gêneros de vídeo games que têm mais em comum com formas narrativas mais lineares baseadas no tempo como o cinema, estão entre os primeiros a ir para o 3D. (WOLF, 2003, p. 69, tradução do autor.)

Essa ambientação 3D e a remediação do cinema amadureceram principalmente nos gêneros de survival horror (subgênero de aventura) como Resident Evil®, mas evoluíram o suficiente para alcançar outros gêneros como jogos de aventura (série Tomb Raider®, Mafia®) e até jogos mais abstratos como Rez® (Sega®, 2001, Figura 3.7) que, por sua vez, se relaciona com a linguagem dos filmes de ficção científica que usam da linguagem à computação gráfica estereotipada dos *wireframes*.

Há ainda a busca do pixel invisível, já discutida neste trabalho, que chegou a seu fim na geração 32 bits. Ao termos disponíveis consoles e computadores com maior resolução, o pixel tornou-se indefinível em comparação ao interpolamento da imagem da tevê, alcançando a invisibilidade.

Figura 3.7 – O Rez®, da Sega.

Essa invisibilidade levou ainda mais o vídeo game a usar linguagens oriundas de mídias que são baseadas na representação da realidade, como fotografia, cinema e televisão. Essa busca do pixel invisível não é nova e pode ser comparada à busca da técnica de pintura invisível. Bolter e Grusin (1999) analisando o trabalho de críticos e teóricos da arte como Norman Bryson, Martin Kemp e Erwin Panofsky, argumenta que "apagar [no sentido de fazer desaparecer nota da tradutora] a superfície dessa maneira oculta e nega o processo da pintura em favor do produto perfeito" (BOLTER; GRUSIN, 1999, p. 25). Mas, conclui Bolter, o processo árduo de tornar a mídia invisível tem justamente o efeito contrário, o de chamar a atenção à técnica de seu produtor, fazendo os olhares se voltarem novamente para a interface e reafirmando a sua condição de mídia. Por mais paradoxal que pareça, a tentativa de alcançar uma imediação transparente acaba por nos levar a uma hipermediação.

No vídeo game, isso acontece em, pelo menos, três níveis: o da interface visual, da linguagem gráfica e no controle interativo. No nível da interface visual, a constante exposição de elementos como os itens que o praticante possui no jogo, a saúde de seu avatar, sua pontuação, e outros, nos fazem sempre focar na interface, fragmentando a sensação de imersão.

No nível da linguagem gráfica, por mais que tenha alcançado excelência na representação realista, ela ainda carrega certos aspectos que nos fazem perceber (e lembrar) de sua irrealidade, ou, de sua realidade apenas virtual. O modo como as personagens se movem, uma ou outra textura, algum pequeno detalhe fora de lugar; tudo isso nos transporta da transparência para a ciência da mídia, a perceber sua interface.

Quanto ao controle interativo, por mais que estejamos jogando um vídeo game em que a imersão aconteça em sua totalidade, que a sensação de tridimensionalidade seja perfeita e os conceitos de realidade virtual estejam corretamente aplicados, ainda assim, quando vamos mover nosso avatar ou temos qualquer tipo de ação no jogo, usamos um controle que está em nossas mãos e, invariavelmente, não tem conexão com a realidade da ação na tela. O jogador quer que seu avatar, por exemplo, ande para frente e, para isso, empurra uma alavanca para cima no seu controle; o quão natural é essa ação? Ao guiar uma escavadeira em um determinado jogo, o jogador não controla uma escavadeira na vida real. A ação não é correspondente dos dois lados da tela. Mesmo com o advento de interfaces multimodais como as do Nintendo Wii®, há uma distância nessa correspondência.

A possibilidade da imersão, mesmo sem o alcance da imediação, proporcionou também, assim como no cinema, a possibilidade de uma maior tensão dramática (Figura 3.8), sugerindo o potencial para a criação de uma narrativa mais rica e profunda. Mas os vídeo games, de maneira geral, não usam esse potencial como poderiam:

> Desde a publicação dos primeiros ambientes de realidade virtual até o presente, a indústria tem apresentado pouca evolução no que diz respeito a conteúdo narrativo, pois a maioria dos jogos em primeira pessoa ainda se baseia fortemente no *point and shoot*. O máximo, no momento, é representado por vídeo games em que partes narrativas (passivas) e partes interativas são justapostas ou em que a câmara sai de subjetiva para terceira pessoa, com perda momentânea da interatividade, quando então iniciam-se outras formas narrativas. No campo das experimentações artísticas, o horizonte não é diferente.
>
> Esse estado de coisas pode ser explicado de várias formas, sendo que a mais comum é recorrer ao fato de que os jogos de realidade virtual respondem a um mercado comprador formado principalmente por adolescentes e deve sempre repetir as formas tradicionais, com comprovado potencial de venda. A explicação, entretanto, não parece satisfatória, pois, em outros campos de expressão, existe espaço, ainda que menor, mas comercialmente viável, para obras mais requintadas, que vão ao encontro do gosto de um público mais educado. (PRADO, 2007.)

O problema real aqui não parece ser o fato de o mercado ser essencialmente adolescente, visto que autores como Poole (2000) e Herz (1997), entre outros, já demonstraram que o real público do vídeo game é, na verdade, o adulto com poder econômico, representando mais da metade do público consumidor. Mas o lado comercial parece influenciar de maneira decisiva, da mesma maneira que no cinema, para a temática e a expressividade desses vídeo games, conforme também levantado por Prado.

Figura 3.8 – Silent Hill®: o 3D imersivo com linguagem cinematográfica e o alcance do pixel invisível tornaram possíveis as sequências dramáticas como esta cena em Silent Hill (Konami®, 1999).

O pixel invisível e a natureza hipermidiática do vídeo game também possibilitaram a remediação de outra mídia importante no século vinte: a televisão. Enquanto o cinema sempre buscou a transparência da mídia e uma imersão do seu público, a tevê nunca negou sua condição hipermediada, nem sua natureza de monitoração de espaços.

Ao jogar Gran Turismo 4® (SCE®, 2004 – Figura 1.31) é inevitável não lembrarmos das coberturas de corrida automobilística nas redes de televisão. Usar essa linguagem é quase natural. Os cortes de câmera nos *replays*, o foco na ação e a troca de câmeras (que não precisaria acontecer, visto que no ambiente virtual as câmeras nem sequer existem) fazem referência a todo o aparato televisivo, tanto na sua estrutura gráfica quanto na carga semântica. A ideia por trás de jogos esportivos como Gran Turismo® não é somente simular a corrida automobilística, mas sim simular a transmissão televisiva de uma corrida automobilística, trazendo a dupla experiência.

Jogos como The Sims® e The Sims 2® (Electronic Arts®, 2003 e 2005) vão além e emprestam a linguagem dos programas tipo *reality show*, remediando não somente a televisão em si, mas uma linguagem específica dos gêneros televisivos. The Sims® traz tanto a visualidade quanto os conflitos sociais desse tipo de programa. Similares são os jogos como Raving Rabids TV Party® (Ubisoft®, 2008) ou a série Mario Party® (Nintendo®, 1998 a 2008) que usam a linguagem dos programas de auditório com gincanas.

4

Considerações finais

A linguagem gráfica dos vídeo games evoluiu ao longo de seus quase 40 anos e ele se transformou em uma mídia expressiva e cativante, capaz de criar uma indústria que hoje economicamente equivale à do cinema. Analisando os três principais eixos de influência para o amadurecimento dessa linguagem gráfica podemos entender como o vídeo game emprestou linguagens de outras mídias tradicionais. Esse empréstimo se deu em um contexto sociocultural amplo e abrangente e, dessa maneira, o vídeo game usou de elementos necessários à construção de sua identidade, advindos de mídias já presentes e familiares.

Ao tomar a linguagem dos jogos de tabuleiro em seu início, o vídeo game tentou pela mímica, mostrar à sua audiência que era capaz de emular essa mídia com algumas vantagens como controle de placares e regras. Usou de sua estrutura sintática e de algumas de suas mecânicas, aliando isso à sua capacidade de interação.

> O vídeo game, com seus gráficos minimalistas e abstratos, representou um novo uso para a televisão e o vídeo; seus elementos experimentais – interação em tempo real em uma imagem em tela – permitiu aos jogadores sentir como se estivessem comungando com uma máquina que respondia instantaneamente à suas ações. Além de coincidir com tendências em arte contemporânea à época e o crescente interesse público em tecnologia de computadores, o vídeo game ajustou-se à cultura popular, encontrando um lugar no *arcade* próximo a máquina de *pinball*, e no lar junto a televisão. O vídeo game, então, foi talvez o maior sucesso comercial da combinação de arte e tecnologia a emergir no começo dos anos 1970, e, em muitos casos, o primeiro equipamento com tecnologia de computador disponível em massa ao público e o primeiro a entrar em suas casas. (WOLF, 2001, p. 31, tradução do autor.)

Essa fase foi importante, pois, além de ser talvez a única via possível, visto o desenvolvimento tecnológico que aprisionou o vídeo game em um mundo de síntese gráfica extrema,

Considerações finais

possibilitou o alfabetismo nessa mídia nascente. Tentativas como Computer Space® de Nolan Bushnell se mostraram amedrontadoras a um público não iniciado.

As duas grandes fases seguintes já mostraram uma mídia mais robusta, capaz de remediar outras mídias eletrônicas: o desenho animado e o cinema/televisão. Com o desenho animado, mais uma vez os vídeo games tomam uma limitação tecnológica (a incapacidade de mostrar cores mais naturais em vídeo) e transformaram-na em linguagem, criando um visual que rivalizava com os desenhos animados matinais da tevê, seus grandes concorrentes de acordo com seu público. Esse desenvolvimento tornou possível aumentar seu poder narrativo, cristalizando esse público.

O desenvolvimento tecnológico possibilitou o vídeo game remediar a própria mídia do cinema e também da televisão, talvez em busca de uma audiência mais adulta que, na verdade, é quem realmente consome vídeo game, considerando que a idade média do consumidor de vídeo game é 28 anos (POOLE, 2000, p. 6).

Mais uma vez acompanhada da tecnologia, o uso dessas novas linguagens não seriam possíveis sem a ascensão do CD-ROM (depois DVD-ROM) como mídia de armazenamento massiva, capaz de criar mundos inteiros a serem explorados. Aos poucos, o vídeo game ia conseguindo, por meio da tecnologia, apoio para sua evolução de linguagem.

Temos hoje, então, uma mídia expressiva e poderosa, tão rica em linguagem quanto as outras, com a vantagem de possibilitar a interferência que as outras não permitem. Segundo Charles Bernstein, ao tentar entender uma mídia "é necessário pensar sobre o que caracteriza uma mídia de maneira que a distingua das outras mídias — o que, em essência, ela pode e as outras não" (WOLF, 2001, p. 160). Interatividade: essa é a essência que caracteriza o vídeo game perante as outras mídias.

Além da interação com a tela da tevê, o vídeo game por meio de sua rica relação entre signos, é capaz de proporcionar uma experiência estética tão rica simbolicamente quanto mídias tradicionais como o próprio cinema, a televisão e até mesmo a pintura. E sua ascensão à condição de arte, junto ao cinema e a fotografia é tema de debate.

A descontrução semiótica proposta por Poole (2000, p. 178-183) reproduzida parcialmente no capítulo anterior, mostra a profundidade da semiose intuitiva requerida mesmo ao jogar uma simples partida de Pacman® e explicita como funciona a cognição ao interagirmos com uma mídia como essa.

> Mas a imaginação que o vídeo game requer do jogador é de um processo diferente: é pragmática. Ela pode ser subdividida em duas partes: "imaginar-se dentro" e "imaginar-se como". "Imaginar como" porque a cada momento essa operação precede o desafio dinâmico de estar apto a predizer como sua ação afetará o sistema e, consequentemente, que curso da ação é o ótimo; "imaginar dentro" porque você precisa entender as regras do sistema semiótico apresentado, e a ação destas regras, e não das regras do mundo real, aplicadas em si próprio. O requerimento é projetar a consciência ativa (além de apenas observar) dentro do reino semiótico. O jogador de vídeo game é absorvido pelo sistema: pela duração da partida, ele vive entre signos (outra maneira de descrever a dissolução da autoconsciência na experiência do vídeo game). (POOLE, 2000, p. 185, tradução do autor.)

Poole complementa, demonstrando que diferentemente do cinema ou literatura, em que nosso cérebro trabalha quase que apenas reconstruindo fragmentos da narrativa, usando o que chamamos imaginação hermenêutica (baseada na interpretação), nos vídeo games usamos mais a imaginação pragmática, pois nossa ação tem influência direta nos eventos seguintes e consequentemente no desenvolvimento de sua narrativa. Essa narrativa é, de certa maneira, construída em tempo real, por meio de nossas ações e intervenções. E se nossa ação altera e constrói a narrativa, também altera e constrói as relações simbólicas dentro do jogo. Alguns estudiosos como David Myers chegam a argumentar que vídeo games não deveriam ser estudados pela sua semiose e sim pela sua ludose.

A forma como trabalha com nossa inteligência, e sua natureza única tornaram o vídeo game então, após anos desenvolvendo sua própria linguagem, uma mídia poderosa o suficiente para emprestar sua linguagem para outras mídias, num hibridismo que fecha um circuito que também é previsto por Bolter e Grusin.

> Em primeira instância, nós podemos pensar em algo como uma progressão histórica, de novas mídias remediando suas predecessoras. Mas a nossa é uma genealogia de afiliações, não uma história linear, e nessa genealogia, velhas mídias podem também remediar as mais novas. A televisão pode e se remolda para parecer a World Wide Web e o cinema pode incorporar, tentando conter gráficos de computador dentro de sua própria forma linear. Nenhuma mídia, ao que parece, pode agora funcionar independentemente e estabelecer seu próprio e separado espaço de significado cultural. (BOLTER; GRUSIN, 1999, p. 55, tradução do autor.)

O empréstimo da linguagem gráfica dos vídeo games a outras mídias como o próprio cinema, a televisão, shows de rock etc., demonstra a maturidade expressiva dessa mídia, além de sua importância e influência cultural. Quando os irmãos Le Diberder defenderam a consideração do vídeo game como uma forma de arte, o que eles anteviam era justamente esse poder potencial de comunicação.

Os vídeo games não devem mais ser tratados como brinquedos e hoje são estudados academicamente como fenômenos culturais e de comunicação e atuam inclusive como ferramentas educacionais em importantes programas de pesquisa como o "Games to Teach" do Media Lab do MIT, exercendo nesse projeto, papel fundamental para a construção de ambientes educacionais interativos.

A arte também percebeu o potencial expressivo (e narrativo) do vídeo game e por meio de experiências como o jogo Cozinheiro das Almas®, do Grupo Poéticas Digitais (PRADO, 2007), trouxe outras abordagens e propostas para a pouco explorada narrativa em vídeo games, em um ambiente imersivo, em que vários conceitos da pós-modernidade como descritos em 1989 por Charles Bernstein aparecem implícitos (WOLF, 2001, p. 155-168).

A convergência proposta pela revolução digital nos últimos 30 anos aponta também para uma possível ubiquidade do vídeo game, que hoje já encontramos inclusive nos nossos telefones celulares e nos circuitos de vários eletroeletrônicos.

A exploração das interfaces multimodo também aponta para um uso mais efetivo do espaço físico onde se encontra o jogador e a partir daí poderemos pensar em um vídeo game inserido em um contexto que une o próprio vídeo game, as novas mídias e a arquitetura. Experiências como por exemplo jogos que usam o próprio espaço urbano, para celulares equipados com GPS mostra um alcance que talvez Ralph Baer ou Nolan Bushnell não imaginassem. Um alcance que vai além do próprio vídeo game e que propõe inclusive um novo modo de pensar para a própria arquitetura.

A natureza interativa do vídeo game o tornou uma mídia poderosa que agora tem alcance além de seu suporte físico (o console, a tevê), dialogando com outras mídias e com outras áreas do conhecimento humano. Espero ter contribuído para o estudo deste rico vocabulário ao analisar a evolução de sua linguagem gráfica, sua tecnologia e sua história, colocando mais um tijolinho na base de estudo dos elementos que tornam essa mídia tão especial.

Referências bibliográficas

AARSETH, Espen. Computer game studies, year one. In: The International Journal of Computer Game Research. *Game studies*, v. 1, n. 1, jul. 2001. Disponível em: <http://www.gamestudies.org/0101>. Acesso em 16 fev. 2009.

ARNHEIM, Rudolf. *Arte & percepção visual*: uma psicologia da visão criadora. 4. ed. Trad. Ivonne Terezinha de Faria. São Paulo: Livraria Pioneira Editora, 1988.

ASSIS, Jesus de Paula. *Artes do vídeo game*. São Paulo: Editora Alameda, 2007.

BAER, Ralph H. *Video games, in the beginning*. New York: Rolenta Press, 2005.

BAUDRY, Jean-Louis. Ideological effects on the basic cinematic aparatus. In: NICHOLS, Bill. *Movies and methods*, v. 2. Berkeley: University of California Press, 1985, p. 531-542.

BERNSTEIN, Charles. Play it again, Pac-Man. In: WOLF, Mark J. P. (Org.). *The Medium of the video game*. Texas: University of Texas Press, 2001, p. 155-168.

BOLTER, Jay David; GRUSIN, Richard. *Remediation*: understanding new media. Cambridge: MIT Press, 1999.

BURNHAM, Van. *Supercade*: a visual history of the video games. MIT Press, 2003.

CRAWFORD, Chirs. *Chris Crawford on game design*. New York: New Riders Games, 2003.

DONDIS, Donis A. *Sintaxe da linguagem visual*. 2. ed. Trad. Jefferson Luiz Camargo. São Paulo: Martins Fortes, 1991.

DWORECKI, Silvio. *Em busca do traço perdido*. São Paulo: Edusp, 1999.

ECO, Umberto. *Como se faz uma tese*. 18. ed. São Paulo: Editora Perspectiva, 2003.

FORSTER, Winnie. *The encyclopedia of game machines*: consoles, handhelds & home computers 1972-2005. England: Gameplan Books, 2005.

GREENFIELD, Patricia. *Mind and media*: the effects of television, vídeo games, and computers (the developing child). Cambridge: Harvard University Press, 1984.

HERMAN, Leonard. *Phoenix*: rise and fall of vídeo games. 3.ed. New York: Rolenta Press, 2001.

HERZ, J. C. *Joystick Nation*: how vídeo games ate our quarters, won our hearts, and rewired our minds. New York: Little, Brown and Company, 1997.

JULL, Jesper. What computer games can and can't do. *Digital arts and culture conference*, 2000, Bergen. Disponível em: <http://www.jesperjuul.net/text/wcgcacd.html>. Acesso em: 24 fev. 2009.

KENT, Steven L. *The ultimate history of video games*: from Pong to Pokemon, the story behind the craze that touched our lives and changed the world. New York: Three Rivers Press, 2001.

KING, Lucien (Org.). *Game on*: the history and culture of video game. New York: Laurence King Publishing, 2002.

LÉVY, Pierre. *O que é virtual*. São Paulo: Editora 34, 2000.

LIPOVETSKY, Gilles. *Os tempos hipermodernos*. São Paulo: Editora Bacarolla, 2004.

LOOY, Jan Van. Uneasy lies the head that wears a crown: interactivity and signification in head over heels. *Game Studies*, v. 3, n. 2, dez. 2003. Disponível em: <http://www.gamestudies.org/ 0302/vanlooy/>. Acesso em: 16 fev. 2009.

MANOVICH, Lev. *The language of new media*. Cambridge: The MIT Press, 2001.

MCCLOUD, Scott. *Desvendando os quadrinhos*. São Paulo: M. Books, 2004.

McLUHAN, Marshall. *Os meios de comunicação*. 13. ed. Trad. Décio Pignatari. São Paulo: Editora Cultrix, 2003.

McMAHAN, Alison. Immersion, engagement, and presence: a method for analyzing 3-D video games. In: WOLF, Mark J. P.; PERRON, Bernard (Org.). *The video game theory reader*. London: Routledge, 2003.

MONTFORT. Nick; BOGOST, Ian. *Racing the beam*: the Atari video computer system. Cambridge: The MIT Press, 2009.

MURRAY, Janet H. *Hamlet no Holodeck*: o futuro da narrativa no ciberespaço. Tradução Elissa Khoury Daher. São Paulo: Editora Unesp, 2003.

NEGROPONTE, Nicholas. *A vida digital*. Trad. Sérgio Tellaroli. São Paulo: Companhia das Letras, 1995.

PEIRCE, Charles S. *Semiótica*. 3. ed. São Paulo: Editora Perspectiva, 2003.

POOLE, Steven. *Trigger happy*: video games and the entertainment revolution. New York: Arcade Press, 2000.

PRADO, Gilbertto *et al.* Cozinheiro das almas: apontamentos para o game. In: VENTURELLI, Suzete (Org.). *Arte e tecnologia*: intersecções entre arte e pesquisas tecno-científicas. 1. ed. Brasília: IdA/UnB, 2007, v. 1, p. 127-130.

PRADO, Gilberto; LAURENTIZ, Silvia. *Uma leitura poética de ambientes virtuais multiusuário*. ARS (São Paulo), São Paulo, v. 3, p. 22-35, 2004.

RAESSENS, Jost; GOLDSTEIN, Jeffrey (Org.). *Handbook of computer game studies*. Cambridge: MIT Press, 2005.

REHAK, Bob. Playing at being. In: WOLF, Mark J. P.; PERRON, Bernard (Org.). *The video game theory reader*. London: Routledge, 2003.

ROKEBY, David. Transforming mirrors: subjectivity and controle in interactive media. In: PENNY, Simon (Org.). *Critical issues in electronic media*. Albany: State University of New York Press, 1995, p. 133-158.

SALEN, Katie; ZIMMERMAN, Eric. *Rules of play*: game design fundamentals. Cambridge: MIT Press, 2003.

SANOS, Hélia Vannucchi de Almeida. *A importância das regras e do gameplay no envolvimento do jogador de vídeo game*. Tese (Doutorado em Artes Visuais) – Escola de Comunicações e Artes, Universidade de São Paulo, São Paulo, 2009.

SHEFF, David; EDDY, Andy. *Game over*: press start to continue. New York: Cyberactive Media Group, 1999.

TAVARES, R. J. C. *et al.* (Orgs.). *Proceedings game & culture Trck SBgames 2008*. 1. ed. Belo Horizonte, MG: UFMG, 2008. v. 1. 175 p.

WOLF, Mark J. P. (Org.). *The medium of the video game*. Texas: University of Texas Press, 2001.

_____. Abstraction in video games. In: WOLF, Mark J. P.; PERRON, Bernard (Org.). *The video game theory reader*. London: Routledge, 2003.

WORRINGER, Wilhelm. *Abstraction and empathy*. New York: International Universities Press, 1953.

WRIGHT, Steve. *Stella programmer's guide*. Santa Monica, 1979. [Este era um manual interno da Atari Inc. e foi reconstruído digitalmente por Charles Sinnet.]

COSTA, Carlos Zibel. *Além das formas*: introdução ao pensamento contemporâneo no design, nas artes e na arquitetura. São Paulo: Annablume Editora, 2010.

Periódicos

Electronic Gaming Monthly Brazil. São Paulo: Conrad Editora, 2002-.

EDGE Magazine. London: Future Publishiing, 1993-.

Game Studies: International Journal of Computer Game Research. Bergen: 2001-. Disponível em: <http://www.gamestudies.org>.

NGamer Brasil. São Paulo: Editora Europa, 2006-.

Retro Gamer Magazine. Dorset: Imagine Publishing: 2004-.

Exposições

Game o Quê? Itaú Cultural. São Paulo, 2003.

Hot Circuits: A video arcade. American Museum of Moving Image. New York, 1989.

GRÁFICA PAYM
Tel. [11] 4392-3344
paym@graficapaym.com.br